KB129699

불량교생의

동음이의어로 즐기는
여덟 글자의 풍경

내 이름은 不良敎生,
'삼행시인'이죠!

하움

불량교생의 팔행시 천자문
동음이의어로 즐기는 여덟 글자의 풍경

1판 1쇄 발행 2024년 5월 31일

지은이 불량교생

편집 이새희
마케팅 • 지원 김혜지

펴낸곳 (주)하움출판사 펴낸이 문현광

이메일 haum1000@naver.com 홈페이지 haum.kr
블로그 blog.naver.com/haum1000 인스타 @haum1007

ISBN 979-11-6440-584-8(03700)

좋은 책을 만들겠습니다.
하움출판사는 독자 여러분의 의견에 항상 귀 기울이고 있습니다.
파본은 구입처에서 교환해 드립니다.

이 책은 저작권법에 따라 보호받는 저작물이므로 무단전재와 무단복제를 금지하며,
이 책 내용의 전부 또는 일부를 이용하려면 반드시 저작권자의 서면동의를 받아야 합니다.

감사의 글

불량교생에게 "천자문 책을 써야겠다!"는 생각을 불러일으켜주신 분이 계십니다.

현직으로 고등학교에서 국어를 가르치고 계시는 서준형 선생님이십니다.

처음에 한자를 접하는 아이들이나
나중에 한자를 만나는 어른들이나
모두에게
쉽고 재미있게 다가갈 수 있는
그런 천자문,
『팔행시 천자문 — 동음이의어로 즐기는 여덟 글자의 풍경』은
그렇게 탄생이 되었습니다.
서준형 선생님의 말씀에 영감을 얻었습니다.

이 자리를 빌어 서준형 선생님께 심심한 감사의 말씀을 전합니다.

……

예의는 여기까지!
준형아, 땡큐 Thank You다!

p.s.
너무 너무 너무 이쁜 이 『팔행시 천자문』의 표지를 구상해주시고
아울러 한 페이지 한 페이지 또 한 페이지
정성 들여 그 내용을 보기 좋게 꾸며주신
편집디자이너 이새희 님께
무한한 감사의 인사를 드립니다.

한자 학습을 목적으로 팔행시 천자문을 읽는 학생들에게

이 책은
천자문 여덟 글자가 나온 후에
천자문 여덟 글자 각각의 한자 뜻이 나오고
그 다음에 천자문 여덟 글자의 '해석'이 달려 있어.

무슨 말이냐면
천자문 여덟 글자를 보고 바로 '해석'으로 넘어가지 말란 말이야.

반드시
천자문 여덟 글자 각각의 한자 뜻을 곱씹으며
과연 어떤 뜻으로 이 천자문 여덟 글자를 해석해야 하는지
스스로 고민하는 과정을 거치도록 해!

그래야
한자 공부도 되면서 추론력, 연상력 등 사고력이 키워질 테니까 말이야.

그렇게
천자문으로

【천】 천히
【자】 라나는
【문】 장 실력을 경험하기를!

알았지?

주

- 천자문 여덟 글자의 해석은, 되도록 의역(意譯)보다는 직역(直譯)에 충실하고자 하였습니다.

- 팔행시의 여덟 글자는, 부득이(不得已)한 경우를 제외하고는, 가급적(可及的) 천자문 원문의 한자(漢字)를 살려 쓰고자 하였습니다.

- 팔행시 천자문의 언어유희(言語遊戲)는 주로 동음이의어(同音異議語)를 활용하였습니다.

- 불량교생의 팔행시 천자문에서는 천자문의 배경 지식 background knowledge은 저자의 역량을 벗어난 범위라서 자세하게 다루지 않았습니다. 이러한 지식을 탐구하고자 하는 독자 분들은 참고 문헌(이나 다른 훌륭한 천자문 서적들)을 참고하시길 바랍니다.

p.s.

『팔행시 천자문, 여덟 글자의 풍경』으로 맛들어진 우리말 풀이가 어우러져, 보다 가슴에 와닿고 보다 살아 숨쉬는 천자문이 완성되었다고 자부합니다.

작가 소개

불량교생 不良敎生

대한민국의 불량한 교육자로서 **아장아장 작가**의 길을 걷고 있는

내 이름은 不良敎生, '삼행시인'이죠!

작가로서 **소소한 혁명 Small Revolution의 목소리**를 내고 있습니다.

총각작, 『사자성어 사행시』 (리북 출판사, 2021년 11월 출간)에서는
- **어려운 한자라는 사자성어의 진입 장벽을 대폭 낮추자!는**
소소한 목소리를 냈습니다.
차기작, 『아재샘 보카』, [푸른영토(푸른e미디어) 출판사, 2022년 7월 출간]에서는
- **우리말의 언어유희적 접근법으로 영작 서술형 마인드를 구축하자!**는
소소한 목소리를 냈고요.

그 외
첫 에세이, 『네 글자 너의 글자』, [하움 출판사, 2024년 5월 출간]에서는
- **길고양이에 얽힌 개인적 비극**을 담담하게 풀어내는 소소한 목소리를 냈습니다.

목차

오프닝 Opening

토끼즈 (유리더-토끼 최유진, 카리스마-토끼 김채현, 막내-토끼 강예서)
토끼 세 마리가 코인노래방에서 와다다 노래 부른다:

♬♪
하루에 네 번 사랑을 말하고 여덟 번 웃고
여섯 번의 키스를 해 줘
♬♪

lyrics of 비밀번호 486 sung by 윤하

참 예쁜 노랫말이다. 이 가사를 살짝 바꿔 보면 어떨까?

♬♪
하루에 네 글자 사행시를 말하고 여덟 글자에 웃고
팔행시 천자문에 애정을 쏟아 줘
♬♪

lyrics of 천자문번호 486 sung by 不良敎生

꼭꼭 잠긴 한문이란 자물쇠를 여는 열쇠의 비밀번호는 바로 천자문이 아닐까?
한 자, 또 한 자, 그리고 또 한 자 … 한자에 입맞춤해 주면 어떨까? … 응?

Part. 1

자연의 정경

0001~0072

0001~0008

天(천) 地(지) 玄(현) 黃(황) 宇(우) 宙(주) 洪(홍) 荒(황)

천

하늘, 임금, 자연, 천성, 본성

지

땅, 지위, 처지, 신분, 형편

현

검다, 멀다, 아득하다, 오묘하다, 심오하다

황

누렇다, 누르다, 늙은이, 어린아이, 황금

우

집, 지붕, 처마, 하늘, 세계

주

집, 주거, 들보, 하늘, 무한의 시간

홍

넓다, 큰물, 홍수

황

거칠다, 흉년 들다, 버리다, 허황하다, 황당무계하다

천자문 팔행시, 여덟 글자의 해석

하늘은 검으나 땅은 누렇고, 우주는 넓고도 거칠도다.

cf. 하늘이 검다는 이 구절을 놓고 "하늘이 왜 검냐? 하늘은 푸르지 않느냐?"는 논쟁(?)이 있는데 ...... 아니, 이 사람들이 하늘을 '낮'에만 봤나? '밤'하늘을 봐봐. 하늘이 얼마나 검은데. 게다가 '밤'하늘은 이 천자문 구절에 나온 '우주'를 느끼기에도 딱 좋은 시간이기도 하고 말이야.

천자문 팔행시, 여덟 글자의 풍경

천방지축(天方地軸)으로
지구(地球)라는 행성(行星) 위에서
현묘(玄妙)한
황금률(黃金律)로 돌아가는
우주(宇宙)라는
주위(周圍)의 공간(空間) 속에서, 시간(時間)의
홍수(洪水) 속에서
황당무계(荒唐無稽)한 이야기를 펼친다.

천자문 팔행시, 언어유희의 풍경

복지부동(伏地不動)이 복지부동(福祉不動)이구나!

바짝 땅에 엎드려 움직이질 않아. 사람들이 몸을 사리며 일을 안 해. 행복한 삶을 위한 제도나 정책이 딱 그 꼴 아닌가? 꼼짝없이 제자리에만 있는 것처럼 발전도 없고 말이야.

천재지변(天災地變)에 천재지변(天才之便)하네!

(우르릉 쾅쾅 우당탕 쿵쾅) 지진인가? 폭풍인가? 재앙이 닥친 건가! 우왕좌왕하다
(뿌직 뿌지직 뿌지직 뽁짝) 천재지변 상황에서 (당황한) 천재가 똥 쌌다!

황당(黃黨)이라니 황당(荒唐)하도다!

(돈에 눈이 멀어) '황' 금만을 추구하는 정 '당' 이라니, 정말 터무니없어! 어이없어!

0009~0016

日(일) 月(월) 盈(영) 昃(측) 辰(진) 宿(수) 列(열) 張(장)

일

날, 해, 햇볕, 태양, 하루, 낮

월

달, 한 달, 달마다, 월경, 달빛, 세월

영

차다, 가득차다

측

(해가 서쪽으로) 기울다

진

별, 십이지(十二支)의 다섯째 지지(地支)
cf. **신** 때, 시각, 별, 새벽, 하루

수

별자리, 성좌(星座)
cf. **숙** 자다, 묵다, 오래되다, 숙박하다, 숙소, 본디

열, 렬

벌이다, 펴다, 줄, 늘어놓다, 줄짓다, 나란히 하다, 행렬, 차례

장

베풀다, 일을 벌이다, 활시위를 당기다, 뽐내다

천자문 팔행시, 여덟 글자의 해석

해와 달이 (하늘을) 채우다 기울고, 별과 별자리들이 (밤하늘에) 펼쳐져 있도다.

천자문 팔행시, 여덟 글자의 풍경

일상(日常)을 벗어나
월광(月光)을 비추는 밤하늘을 바라봐.
영원(永遠) 속에 펼쳐진
측정(測定)하기 힘든 별천지(別天地)를 봐봐.
진한 어둠 속에, 진짜 탄성(歎聲)이 절로 나오는
수백억(數百億) 년의 신비(神秘)로움을
열거(列擧)한
장본인(張本人)을 느껴봐.

천자문 팔행시, 언어유희의 풍경

일기(日記)의 일기(日氣)

하루에 겪은 일과 감상을 적는 일기를 쓸 때는 자연의 날씨가 맑다거나 흐리다거나 비가 온다거나 하는 기상 상태를 기본적으로 써넣지. 그런데 이 '날씨'라는 게 우리의 마음 상태를 비유하는 표현으로 본다면 어떨까? 우리 마음의 폭풍우, 거친 파도, 따뜻한 공기, 맑고 밝은 하늘이 표현된 것이 일기라고 봐도 무방하지 않을까?

숙원(宿怨)에 관한 숙원(宿願)

오랫동안 원한을 품고 있던 대상에 대해 간절히 바라는 바가 하나 있지. 그건 바로 복수지.

신장(身長)아, 신장(伸張)해!

키 작은 사람들은 자기 키가 쭉쭉 늘어나길 바라지. (작아도 충분히 아름다운데 말이야!)

0017~0024

寒(한) 來(래) 暑(서) 往(왕) 秋(추) 收(수) 冬(동) 藏(장)

한 차다, 춥다, 떨다, 가난하다, 천하다

래 오다, 불러오다, 미래, 보리

暑

서 덥다, 더위, 여름

왕 가다, 옛날, 과거, 이따금

秋

추 가을, 때, 세월

수 거두다, 모으다, 잡다, 빼앗다, 쇠하다, 오그라들다

동 겨울, 겨울을 지내다

장 감추다, 저장하다, 매장하다, 곳집

천자문 팔행시, 여덟 글자의 해석

추위가 오면 더위가 가노니, 가을에 거두어 겨울에 저장하노라.

천자문 팔행시, 여덟 글자의 풍경

한파(**寒波**)가 닥칠
래(내)일(**來日**)
서서(**徐徐**)히 물러가는 여름
왕복(**往復**)하는 계절(**季節**) 속에
추수(**秋收**)하며
수확(**收穫**)하고
동계(**冬季**)를 대비(**對備**)해
장만하고 소장(**所藏**)한다.

천자문 팔행시, 언어유희의 풍경

춘래불사춘(春來不似春)이네, 춘래불사춘(春來不辭春)이건만!

봄이 왔건만 봄 같지가 않구나! 봄이 온다면 봄을 사양하지 않겠건만 …….

일각여삼추(一刻如三秋)가 일각여삼추(一刻與三秋)네!

매우 짧은 시간이 가을을 세 번 맞은 기간, 즉 삼 년의 세월과 같을 정도로 기다리는 시간이 길게 느껴진다. 그 짧은 시간에 마치 삼 년의 세월이 더불어 있는 듯이.

0025~0032

閏(윤) 餘(여) 成(성) 歲(세)
律(율) 呂(려) 調(조) 陽(양)

閏	윤	윤달
餘	여	남다, 나머지, 여유, 여가, 틈
成	성	이루다, 이루어지다, 다스리다
歲	세	해, 새해, 세월, 나이
律	률, 율	법, 법칙, 음률, 가락
呂	려	음률, 풍류, 법칙, 등뼈
調	조	고르다, 뽑다, 가리다, 살피다, 길들이다, 지키다, 어울리다, 조화, 가락
陽	양	볕, 해, 양기, 남성, 밝다, 드러나다

천자문 팔행시, 여덟 글자의 해석

윤달이 남음으로써 (한) 해를 이루나니, 음률로써 (음과) 양을 조화롭게 하노라.

천자문 팔행시, 여덟 글자의 풍경

윤(閏)달이 달의
여백(餘白)을 메우고
성숙(成熟)한다.
세월(歲月)이라는 박자(拍子)에 맞춰
율동(律動)하며
려(여)운(餘韻)이 남는 가락으로
조화(調和)를 이루는
양기(陽氣)와 음기(陰氣)의 멜로디 melody.

천자문 팔행시, 언어유희의 풍경

흉중유성죽(胸中有成竹)이듯 흉중(胸中)에 유성(流星)이 죽 있어!

대나무를 그리기 위해서는 이미 마음속에 대나무의 형상이 자리잡혀 있어야 하지. 완성된 결과물을 확실히 구상하고 그 결과로 나아가야 해. (마찬가지로) 내 마음속에는 항상 '흐르는 별'이 자리잡혀 있어. 반짝이는 그 별을 보며 나는 오늘도 나아가고 있어!

조사(助辭)의 조사(調査)?

한문에서 실질적인 뜻이 없이 다른 글자를 보조해주는 글자(어조사)들을 자세히 살펴보고 알아보고 싶어? 이 천자문의 제일 마지막 네 글자들을 찾아 봐!

0033~0040

雲(운) 騰(등) 致(치) 雨(우) 露(노) 結(결) 爲(위) 霜(상)

	운	구름, 습기, 높다, 많다
	등	오르다, 뛰어오르다, 도약하다, 솟다, 날다
	치	이르다, 이루다, 다하다, 다다르다, 극진하다, 전하다, 보내다
	우	비, 비가 오다, 떨어지다
	로, 노	이슬, 드러나다, 젖다, 적시다, 은혜를 베풀다
	결	맺다, 묶다, 잇다, 끝맺다, 매듭
	위	하다, 행하다, ~라고 하다, 만들다, 되다, 위하다
	상	서리, 세월, 머리털이 세다

천자문 팔행시, 여덟 글자의 해석

구름이 오르니 비를 이루고, 이슬이 맺히니 서리가 되나니.

천자문 팔행시, 여덟 글자의 풍경

운치(**韻致**) 있는 구름을
등산(**登山**)하여 보니 제맛,
치하(**致賀**)하고픈 빗방울방울이
우비(**雨備**)를 두드리며 우두둑우두둑
노천(**露天**)에 맺힌,
결실(**結實**)들인 이슬과 서리는
위아래 순환(**循環**)하는 대자연(**大自然**)의 공기(**空氣**)를
상징적(**象徵的**)으로 보여주는?

천자문 팔행시, 언어유희의 풍경

마각노출(馬脚露出)이 마각노출(魔脚露出)인가?

말의 다리가 노출된다. 노출된 본성은 무엇인가? 악마의 다리가 드러난 건 아닌가?

결과(缺課)의 결과(結果)

수업에 빠진 것이 (원인이 되어) 생긴 결말.

지록위마(指鹿爲馬)라니 지록위마(知鹿僞馬)로다!

사슴을 가리켜 말이라고 한다. 사슴임을 '알면서' 그릇되게 말이라고 한다.

0041~0048

金(금) 生(생) 麗(여) 水(수)
玉(옥) 出(출) 崑(곤) 岡(강)

 금	쇠, 금, 황금, 돈, 귀하다 cf. **김** 성씨(姓氏)	 생	나다, 낳다, 살다, 삶, 날 것
 려, 여	곱다, 빛나다, 아름답다, 붙다, 걸리다	 수	물, 강물, 하천, 수성(水星), 별자리
玉 옥	구슬, 옥, 아름답다, 훌륭하다, 소중히 하다	 출	나다, 태어나다, 나가다, 나아가다, 나타나다, 발생하다, 내놓다
 곤	산 이름(곤륜산)	 강	산등성이, 언덕, 구릉

천자문 팔행시, 여덟 글자의 해석

금은 여수에서 나며, 옥은 곤강에서 나네.

천자문 팔행시, 여덟 글자의 풍경

금광(金鑛)을 찾을
생각인가?
여수(麗水)로 가는
수고(受苦)를 아끼지 말게나.
옥(玉)을 찾으려거든
출발(出發)하시게나.
곤륜산(崑崙山)을 향해서
강(江)을 건너시게나.

천자문 팔행시, 언어유희의 풍경

산전수전(山戰水戰)이니 산전수전(山轉水轉)이라.

산에서도 싸워 봤고 물에서도 싸워 봤다. 이 말은 산에서도 굴러 봤고 물에서도 굴러 봤단 말이고, 인생의 고난을 겪을 만큼 겪어 봤다는 말이다.

By 출판(出版) Bye 출판(出判)!

책을 써서 내었더니 오잉? 베스트셀러(best-seller)가 되어버렸네? 재산이 탕진되어 아주 결딴난 상태였던 생활은 이제 안녕!

배출(輩出)이냐 배출(排出)이냐, 그것이 문제로다!

학식이나 능력이 뛰어난 인재를 잇따라 낼 거냐, 아니면 기껏 쓰레기나 찌꺼기를 내놓을 거냐?

0041~0048

0049~0056

劍(검) 號(호) 巨(거) 闕(궐) 珠(주) 稱(칭) 夜(야) 光(광)

검

칼, 검, 비수(匕首), 찌르다, 베다

호

이름, 일컫다, 부르다, 부르짖다, 울부짖다, 부호, 기호

거

크다, 많다, 거대하다, 거칠다

궐

대궐, 대궐문, 문, 빠트리다, 모자라다, 이지러지다

주

구슬, 진주, 보석, 붉다

칭

일컫다, 부르다, 칭찬하다, 저울질하다, 저울, 명성

야

밤, 어둠, 그늘, 새벽

광

빛, 세월, 재능, 명성, 빛나다, 영화롭다

천자문 팔행시, 여덟 글자의 해석

칼로 (으뜸은) 거궐이라 부르고, 구슬로 (최고는) 야광이라 일컫느니.

천자문 팔행시, 여덟 글자의 풍경

검투사(**劍鬪士**)가
호령(**號令**)하며
거궐(**巨闕**)이라는 명검(**名劍**)을 휘두르며
궐(**闕**)에 입성(**入城**)한다.
주옥(**珠玉**)으로
칭송(**稱頌**)받는
야광주(**夜光珠**)의
광채(**光彩**)에 이끌린다.

천자문 팔행시, 언어유희의 풍경

칭송(稱頌)하며 칭송(稱誦)하네.

훌륭하다고 칭찬하여 일컬으며, 그 훌륭함을 잊지 아니하고 기린다네.

주경야독(晝耕夜讀)에서 주경야동(晝耕夜動)으로

예전 사람들은 낮에는 농사짓고 밤에는 글을 읽었었다면, 요즘 사람들은 낮에는 일하고 밤에는 (헬스장에서) 운동한다네.

0057~0064

果(과) 珍(진) 李(이) 柰(내) 菜(채) 重(중) 芥(개) 薑(강)

한자	뜻	한자	뜻
 果 과	실과, 과실, 열매, 결실, 결과, 결단성이 있다, 해내다	 珍 진	보배, 맛좋은 음식, 진귀하다, 귀중하다
李 리, 이	오얏(자두), 오얏나무, 성씨(姓氏)	 柰 내	능금나무, 어찌, 어떻게, 어찌하랴
菜 채	나물, 채소, 푸성귀, 반찬	 重 중	무겁다, 중히 여기다, 소중하다, 거듭하다, 거듭, 두 번, 다시
芥 개	겨자, 갓, 작은 풀, 티끌, 먼지	 薑 강	생강, 새앙

천자문 팔행시, 여덟 글자의 해석

과일로는 오얏과 능금이 진귀하노니, 나물로는 겨자와 생강이 소중하노라.

천자문 팔행시, 여덟 글자의 풍경

과실(**果實**) 중(**中**)에
진미(**珍味**)는 오얏과 능금이라
이리 와라,
내가 사줄게.
채소(**菜蔬**) 중(**中**)에
중요(**重要**)한 건 겨자와 생강이라
개운한 맛도 내니
강남(**江南**)에서 인기(**人氣**)라지.

천자문 팔행시, 언어유희의 풍경

진수성찬(珍羞盛饌)이니 진수성찬(眞髓聖餐)일까?

푸짐하게 잘 차려진 맛있는 음식을 보며, 현상에서 가장 중요하고 본질적인 부분이 성스럽게 차려진 음식과 같지 않을까? 생각해 본다.

막무가내(莫無可奈)로 막 무가(舞歌)네.

달리 어찌할 수 없을 정도로 막 춤추고 노래하네.

0065~0072

海(해) 鹹(함) 河(하) 淡(담) 鱗(인) 潛(잠) 羽(우) 翔(상)

 해	바다, 바닷물, 넓다, 크다	 함	짜다, 짠맛, 소금기, 쓴맛
 하	물, 내, 강, 강물, 운하, 황하(黃河)	 담	맑다, 묽다, 싱겁다, 연하다, 담백하다
 린, 인	비늘, 비늘이 있는 동물 (물고기 등)	 잠	잠기다, 감추다, 숨다, 자맥질하다, 깊다
 우	깃, 깃털, (짐승의) 날개, 새, 돕다	 상	날다, 돌다, 달리다

천자문 팔행시, 여덟 글자의 해석

바닷물은 짜나 강물은 싱겁고, 물고기의 비늘은 (물속에) 잠기나 새들의 깃은 (하늘을) 나는구나.

천자문 팔행시, 여덟 글자의 풍경

해수(海水)가
함유(含有)한 맛은 짬.
하천(河川)의 민물은
담백(淡白)한 맛.
인근(隣近)의 물고기들은
잠수(潛水)하네, 하향적(下向的)으로.
우쭐대는 새들은
상향적(上向的)으로 비상(飛翔)하네.

천자문 팔행시, 언어유희의 풍경

잠재력(潛在力)인가, 잠재력(暫財力)이라.

저 사람에게 겉으로 드러나지 않고 속에 숨어 있는 힘이 있을까? 싶었는데, 있었어. 저 사람, 부유층 인사였어. 잠깐의 재산상의 능력으로 그 힘을 충분히 보여줬어.

우화등선(羽化登仙)인가, 우화등선(寓話登善)이라.

사람의 몸에 새처럼 날개가 돋아 신선의 경지에 오른다는 이야기가 있던가? 새 같은 동물이나 다른 사물에 빗댄 이야기는 권선징악(勸善懲惡)이 많지. 마치 주인공이 선(善)이라는 산을 오르는 내용 같다고나 할까.

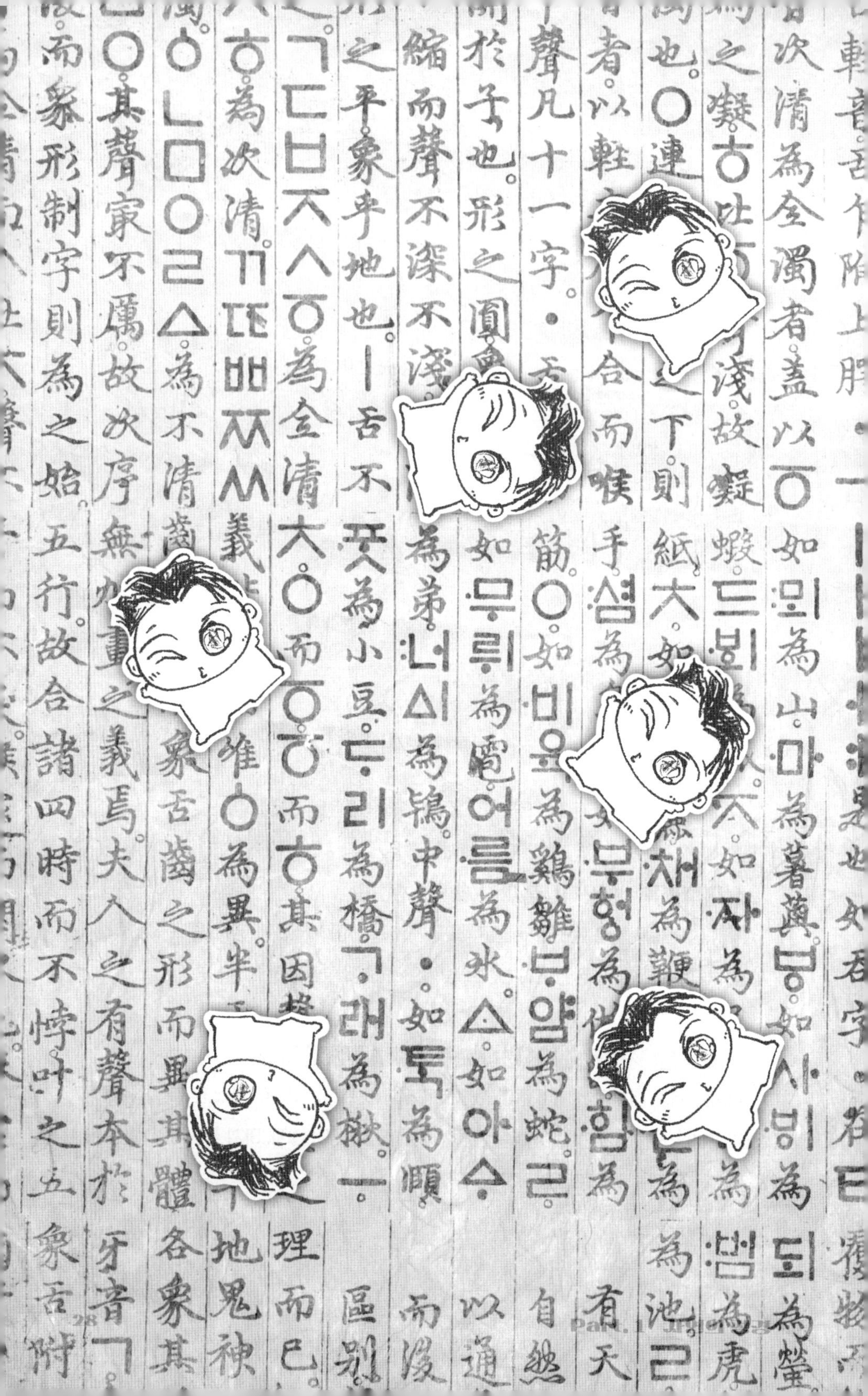

Part. 2

문명의 경경

0073~0144

龍(용) 師(사) 火(화) 帝(제) 鳥(조) 官(관) 人(인) 皇(황)

 룡, 용	용, 임금, 뛰어난 인물	 사	스승, 군사, 벼슬, 전문적인 기예를 닦은 사람
 화	불, 타다, 태우다, 양(陽), 태양	 제	임금, 천자, 황제, 상제, 하느님
 조	새, 별이름	 관	벼슬, 벼슬아치, 관리, 관직, 관청, 관능(官能)
 인	사람, 인간, 남, 타인, 백성	 황	임금, 군주, 천제, 봉황, 크다, 아름답다

천자문 팔행시, 여덟 글자의 해석

직함이 용인 벼슬과 불로 업적을 세운 임금이 있었고, 직함이 새인 벼슬과 인간의 문명을 세운 임금이 있었다네.

천자문 팔행시, 여덟 글자의 풍경

용(龍)처럼 늠름(凜凜)한
사람이고자 용(龍)으로 벼슬 이름을 지었던가.
화르르 타오르는 불을 발명(發明)한
제왕(帝王)도 있었다.
조류(鳥類)로써
관직(官職) 이름을 정하기도 했고,
인문(人文)을 발전(發展)시킨
황제(皇帝)도 있었다.

천자문 팔행시, 언어유희의 풍경

용두사미(龍頭蛇尾)냐, 용두사미(龍頭思尾)냐?

용 머리에 뱀 꼬리냐, 아니면 용 머리가 꼬리를 생각하느냐?

소화기(消火器)로 소화기(笑話記)를!

화날 때 화를 식힐 소화기는 웃음이 나오는 대화와 기록이로다.

촌철살인(寸鐵殺人)의 촌철살인(村哲殺忍)

사람을 죽일 위력이 있는 한 치의 쇠붙이처럼 한 치의 명철함이 인내를 죽이고,

(즉 참지 않고,) 사리에 밝게 슬기로운 지혜를 내뿜는다.

0081~0088

始(시) 制(제) 文(문) 字(자) 乃(내) 服(복) 衣(의) 裳(상)

 始 시	비로소, 처음, 비롯하다, 시작하다	 制 제	짓다, 마르다, 마름질하다, 만들다, 제정하다, 절제하다, 법도, 규정, 제도
 文 문	글월, 글자, 글, 문장, 문서, 책, 학문, 꾸미다	 字 자	글자, 아이를 배다, 양육하다, 기르다
乃 내	이에, 곧, 너	 服 복	옷, 의복, 입다, 먹다, 복용하다, 항복하다, 따르다, 복종하다, 일하다, 직분
 衣 의	옷, 윗옷, 입다, 입히다	 裳 상	치마, 낮에 입는 옷

천자문 팔행시, 여덟 글자의 해석

비로소 문자를 만들었고, 이에 윗옷과 치마도 입었다네.

천자문 팔행시, 여덟 글자의 풍경

시작(**始作**)할까, 문명(**文明**)을?
제정(**制定**)된
문자(**文字**)와 함께
자연(**自然**)스럽게…….
내내 추위에 떨지 않도록
복장(**服裝**)을 착용(**着用**)하기 시작(**始作**)했지만,
의상(**衣裳**)에 의미(**意味**)가 부여(**附與**)되고
상징적(**象徵的**) 수단(**手段**)으로까지 변모(**變貌**)되더라.

천자문 팔행시, 언어유희의 풍경

시작(詩作)의 시작(試作)과 시작(始作)

시를 짓네. 시험 삼아 지어본 후에, 제대로 처음 단계부터 밟아나가네.

정복(征服) 말고 정복(淨福)!

강대국들아, 무력이나 폭력으로 복종시킬 생각 말고, 약소국들과 함께 맑고도 조촐한 행복을 찾아라!

의상(衣裳)의 의상(意想)

겉에 입는 옷에는 옷을 입은 사람의 마음, 즉 뜻이나 생각이 담겨 있다.

0089~0096

推(추) 位(위) 讓(양) 國(국)
有(유) 虞(우) 陶(도) 唐(당)

추

옮다, 변천하다, 밀다,
천거하다, 물려주다
cf. **퇴** 밀다, 밀치다

위

자리, 위치, 지위,
자리잡다

讓

양

사양하다, 양보하다,
넘겨주다, 꾸짖다,
사양, 양보

국

나라, 나라를 세우다,
도읍, 서울, 고향

有

유

있다, 존재하다, 가지다,
보유하다, 알다, 앎, 또

우

우나라, 나라 이름,
염려하다, 근심하다,
헤아리다, 잘못,
유우씨(有虞氏)

陶

도

질그릇, 도공(陶工),
옹기장이

당

당나라, 나라 이름,
당황하다, 황당하다,
크다, 넓다, 둑, 길,
도당씨(陶唐氏)

천자문 팔행시, 여덟 글자의 해석

(천자의) 자리를 물려주고 나라를 넘겨주니, (순임금) 유우씨와 (요임금) 도당씨가 그러하니라.

천자문 팔행시, 여덟 글자의 풍경

추이(**推移**)를 관망(**觀望**)해보니,
위계질서(**位階秩序**)의 정점(**頂點**)에 있는 자(**者**)가
양보(**讓步**)하네,
국왕(**國王**)의 자리를
유족(**類族**)이 아닌 타인(**他人**)에게.
우매(**愚昧**)한 자식(**子息**)은
도통(**都統**) 계승자(**繼承者**)의 자격(**資格**)이 없다고 본 거지.
당황(**唐慌**)스러웠겠어, 자식(**子息**) 입장(**立場**)에서는.

천자문 팔행시, 언어유희의 풍경

위계(位階)의 위계(僞計)

지위나 계층의 등급을 빌미로 거짓된 계략을 작당한다.

사양(斜陽)은 사양(辭讓)!

저녁때의 햇빛처럼 저물고 몰락하는 건 겸손하게 거절하겠소. 내 빛은 아직 밝아!

유비무환(有備無患)이냐, 유비무환(遊肥無患)이냐?

미리 준비가 되어 있어 걱정할 것이 없는 사람이냐, 아니면 흥청망청 놀면서 살찌면서 아무 근심이 없는 사람이냐?

0097~0104

弔(조) 民(민) 伐(벌) 罪(죄) 周(주) 發(발) 殷(은) 湯(탕)

조

조상(弔喪)하다, 조문하다, 위문하다, 불쌍히 여기다
cf. **적** 이르다

민

백성, 어리석음, 어둡다

벌

치다, 베다, 정벌하다, 자랑하다

죄

허물, 죄, 죄인, 과오, 잘못, 재앙, 벌하다

周

주

두루, 둘레, 널리, 골고루, 두루 미치다, 나라 이름, 주나라

발

피다, 펴다, 일어나다, 드러나다, 드러내다, 내다 떠나다, 베풀다, 주(周)나라 무왕(武王)의 이름

은

나라 이름, 은나라, 성하다, 많다, 우렛소리
cf. **안** 검붉다

탕

끓이다, 끓인 물, 욕탕, 은(殷)나라 탕왕(湯王)의 이름
cf. **상** 물이 흐르는 모양

천자문 팔행시, 여덟 글자의 해석

백성을 불쌍히 여기고 죄인(폭군)을 치니, 주나라 발(무왕)과 은나라 탕(탕왕)이어라.

천자문 팔행시, 여덟 글자의 풍경

조국(祖國)의 위정자(爲政者)로서
민간인(民間人)들에게 인정(認定)받으려면
벌(罰)하라,
죄인(罪人)들을
주위(周圍)에서
발견(發見)되는 즉시 벌(罰)하라.
은혜(恩惠)를 베풀어라, 선량(善良)한 시민(市民)들에게
탕약(湯藥)을 다려 드리듯이.

천자문 팔행시, 언어유희의 풍경

죄수(罪囚)의 죄수(罪數)

죄를 지어 수감된 자가 저지른 죄의 가짓수.

부형청죄(負荊請罪)하니 부형청죄(父兄聽罪)하네.

자식이 가시나무를 등에 지고 때려주기를 바란다. 부모와 형제가 자식이 자백하는 죄의 내용을 듣고 있다.

발전(發電)의 발전(發展)

전기를 일으키는 기술이 보다 나은 단계로 나아간다.

0105~0112

坐(좌) 朝(조) 問(문) 道(도) 垂(수) 拱(공) 平(평) 章(장)

 坐 좌	앉다, 자리, 좌석, 무릎 꿇다, 지키다, 대질하다	 朝 조	아침, 조정, 왕조, 정사(政事), 처음, 뵈다, 뵙다
 問 문	묻다, 질문하다, 안부를 묻다, 부르다	 道 도	길, 도로, 도리, 이치, 다니다, 가르치다, 말하다
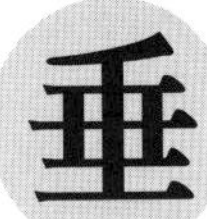 垂 수	드리우다, 가장자리, 수직, 거의, 모범	 拱 공	팔짱을 끼다, 두 손을 맞잡다
平 평	평평하다, 고르다, 공평하다, 화평하다, 편안하다	 章 장	글, 문장, 조목, 규정, 도장, 인장, 밝다, 성하다

천자문 팔행시, 여덟 글자의 해석

조정에 앉아 도리를 묻노니, (옷자락을) 드리우고 팔짱을 낀 채로 (다스린 세상이) 화평하니 밝도다.

천자문 팔행시, 여덟 글자의 풍경

좌석(坐席)에 착석(着席)한 임금이
조정(朝廷)에서 신하(臣下)들과
문답(問答)하며
도리(道理)에 맞게 다스리기 위해
수직(垂直) 관계(關係)가 아닌 듯 담론(談論)을 펼친다.
공평(公平)하고
평화(平和)로운 세상(世上)을 위한
장전(章典)을 마련한다.

천자문 팔행시, 언어유희의 풍경

좌시(坐市)를 좌시(坐視)해.

가게를 내어 물건을 팔던 곳을 참견하지 않고 가만히 보기만 한다. 시장에 관여하지 않고 방임(放任)하는 태도라고 볼 수 있다.

여자침석(女子沈惜)이니 여좌침석(如坐針席)이라.

여자는 마음이 가라앉고 애가 타고 답답했다. 마치 바늘방석에 앉은 듯이 몹시 거북하고 불안했다.

소미도 태권도 태권도(跆拳道)

소미도 태권도를 하고, 태권이도 태권도를 하지.

0113~0120

愛(애) 育(육) 黎(여) 首(수) 臣(신) 伏(복) 戎(융) 羌(강)

애

사랑, 사랑하다, 아끼다, 그리워하다, 가엾게 여기다

육

기르다, 자라다, 낳다

려, 여

검다, 많다, 뭇, 녘, 무렵

수

머리, 우두머리, 첫머리, 으뜸

신

신하, 신하로 섬기다, 신하로 삼다

복

엎드리다, 굴복하다, 복종하다
cf. **부** 알을 품다

융

오랑캐, 융족, 병장기, 군사, 너, 크다

강

오랑캐, 강족, 탄식 소리, 고달프다

천자문 팔행시, 여덟 글자의 해석

검은 머리(백성들)를 사랑으로 기르니, 신하로서 복종하는 오랑캐들이로구나.

천자문 팔행시, 여덟 글자의 풍경

애정(愛情)으로
육아(育兒)를 돌보듯
여러 백성(百姓)들을 돌보는,
수도(首都)의 최고(最高) 통치자(統治者).
신민(臣民)으로서
복배(伏拜)하며 따르는 오랑캐들.
융성(隆盛)하며 국가(國家)의 위상(位相)은
강화(强化)된다.

천자문 팔행시, 언어유희의 풍경

박애(博愛) ≒ 박애(薄愛)?

모든 사람을 널리 평등하게 사랑한다는 말은 어쩌면 모두를 너무 얇게 가볍게 사랑한단 소리가 아닌가?

애지중지(愛之重之)니 애지중지(愛之中止)라.

그것을 매우 사랑하고 또 소중히 여기니 그것만 사랑하다 해야할 다른 일들은 다 하다가 멈춰서 그만둔 상태가 되어버렸네.

굴복(屈伏) ≠ 굴복(屈服)!

비록 지금은 내가 머리를 굽히고 꿇어 엎드리고 있지만 당장 힘이 모자라서 이럴 뿐이지 정신적으로까지 너희를 따르겠단 뜻은 절대 아니야!

遐(하) 邇(이) 壹(일) 體(체) 率(솔) 賓(빈) 歸(귀) 王(왕)

하

멀다, 멀리하다, 아득하다

이

가깝다, 가까이하다

일

하나, 한, 한 일(一)자의 갖은자(字), 한결같다, 전일(專一)하다, 오로지

체

몸, 몸소, 신체, 사지(四肢), 바탕, 근본, 형체

솔

거느리다, 통솔하다, 데리다, 좇다, 따르다
cf. **률, 율** 비율, 규율
수 장수, 우두머리

빈

손님, 손, (손으로) 맞다, 존경하다, 따르다, 따르게 하다, 굴복시키다

귀

돌아가다, 돌아오다, 몸을 의탁하다

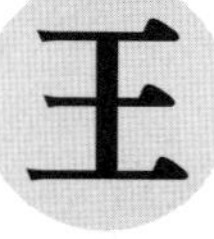

왕

임금, 천자, 우두머리, 임금 노릇하다, 왕으로 섬기다, 성하다, 왕성하다

천자문 팔행시, 여덟 글자의 해석

멀고 가깝고 간에 (다른 나라들이) 하나의 몸으로, 손을 거느리고 임금에게 돌아오네(왕으로 섬기네).

cf. 통상적으로 '**賓**'을 '복종하다'로 해석하지만 그렇게 해석하면 '**率**'(거느리다)의 목적어가 없어져버리는 문제가 생긴다. 그래서 여기서는 '**賓**'을 '**率**'의 목적어로 해석함으로써 뒤에 나오는 '**歸王**'과도 짜임새(술어-목적어 관계)를 통일하였다.

천자문 팔행시, 여덟 글자의 풍경

하루가 멀다 하고
이렇게 멀리서
일부러 찾아와
체면(**體面**)을 차리는 다른 나라의 사신(**使臣**)들.
솔선(**率先**)하여 오는 이들 중에
빈곤(**貧困**)하고 약(**弱**)한 세력(**勢力**)도 눈에 띈다.
귀국(**歸國**)하며 한 번 더
왕국(**王國**)에 눈도장을 찍고 간다.

천자문 팔행시, 언어유희의 풍경

체득(體得)하며 체득(遞得)하네.

몸소 체험하여 알게 되기까지는 (체화되는 과정에서 이것저것 여러 가지 요소들이) 번갈아 나타나는 과정이 있다.

개체(個體)들을 개체(改替)하세.

낱낱의 구성 요소들을 낱낱이 고치고 바꾸자.

귀가(貴家)는 언제 귀가(歸家)해?

귀하신 당신 댁에서는 집에 돌아오는 시간이 몇 시죠?

0129~0136

鳴(명) 鳳(봉) 在(재) 樹(수) 白(백) 駒(구) 食(식) 場(장)

 명	(새·짐승이) 울다, 울리다, 소리내다, 부르다	 봉	봉황, 봉황새
 재	있다, 존재하다, 찾다, 살피다, 제멋대로 하다	 수	나무, 초목, 담, 담장, 심다, 세우다
 백	희다, 깨끗하다, 밝다, 밝히다, 비다, 공허하다, 사뢰다, 아뢰다	 구	망아지, 짐승의 새끼, 젊은이
 식	먹다, 먹이다, 밥, 음식, 녹(祿) cf. **사** 먹이다, 기르다, 밥, 먹이	 장	마당, 곳, 장소, 시험장

천자문 팔행시, 여덟 글자의 해석

(태평성대에 상서로이) 우는 봉황새가 나무에 있고, 흰 망아지가 마당에서 (풀을 뜯어) 먹고 있다네.

천자문 팔행시, 여덟 글자의 풍경

명성(**名聲**)이 자자(**藉藉**)한
봉황(**鳳凰**)새가 우는 모습을
재수좋게 보는구나.
수목(**樹木**) 위에 앉아 있구나.
백미(**白眉**)는
구(**求**)하던 백색(**白色**)의 망아지가
식사(**食事**)하는
장면(**場面**)을 목격(**目擊**)한 것이구나.

천자문 팔행시, 언어유희의 풍경

현재(現在), 현재(賢才)의 현재(顯在)

지금 뛰어난 재능이 겉으로 나타나 있다.

소식(小食)이란 소식(消息)이라?

그녀가 다이어트를 하며 음식을 적게 먹고 있다는 말이 멀리서 들려오는데 과연? 정말? 나는 믿을 수가 없구려.

파장(罷場)의 파장(波長)

판이 끝나자 그 충격의 물결이 밀려든다.

0137~0144

化(화) 被(피) 草(초) 木(목) 賴(뇌) 及(급) 萬(만) 方(방)

한자	음	뜻
	화	되다, 화하다, 변화하다, 교화하다, 가르치다, 교화, 변화
	피	입다, 받다, 당하다, 미치다, 끼치다, 덮다, 이불
	초	풀, 풀숲, 초원, 잡초, 시초, 글초, 초안, 거칠다, 엉성하다
	목	나무, 목재, 질박하다, 꾸밈없다
	뢰, 뇌	힘입다, 의뢰하다, 믿다, 의지하다, 얻다, 의뢰, 이득, 원수
	급	미치다, 끼치다, 닿다, 및, 미치게 하다, 끼치게 하다
	만	1만(1,0000), 다수, 갖가지, 많다, 크다
	방	모, 네모, 각(角), 방향, 방위(方位), 사방, 곳, 장소, 견주다, 바야흐로

천자문 팔행시, 여덟 글자의 해석

(어진 임금의) 교화가 풀과 나무까지도 끼치니, (그에) 힘입어 모든 방향에 미치느니라.

천자문 팔행시, 여덟 글자의 풍경

화색(**和色**)이 만물(**萬物**)에
피어난다.
초록색(**草綠色**) 풀과 나무들까지 웃는다.
목공(**木工**)의
뇌(**腦**)에서 빚어진 작품(**作品**)인 듯
급제(**及第**)감인 작품(**作品**)인 듯
만세(**萬歲**)! 임금의 어진 교화(**敎化**)가 이루어진다.
방향(**方向**)은? 온 방향(**方向**)으로!

천자문 팔행시, 언어유희의 풍경

개화(開化)하여 개화(開花)하자.

새로운 문물, 제도 등을 받아들여 다방면의 영역에서 꽃이 피듯 번영하자.

피고(被告)의 피고(疲苦)

민사 소송에서 소송을 당한 자가 몸도 마음도 지치고 괴롭고 하다네.

초고(草稿)엔 초고(初考)가

첫 번째로 쓴 원고에는 처음의 생각이 담겨 있다.

音次淸爲全濁者。蓋以ㆆ 如 뫼爲山 마爲薯藇 如 사ᄫᅵ爲 되爲螢

爲之凝。ㅎ比ㆆ聲 蝦 드ᄫᅵ爲瓠 ㅈ。如 자爲 범爲虎

濁也。ㅇ連書脣音 紙 大。如 체爲籭 채爲鞭 爲 爲池 ㄹ

者。以輕音脣乍合而喉 手 섬爲島 ㅎ。如 부헝爲 힘爲 有天

聲凡十一字。• 舌縮而 筋。ㅇ如 비육爲鷄雛 ᄇᆞ얌爲蛇 ㄹ。 自然

闢於子也。形之圓象乎天 如 무뤼爲 爲氷 ㅿ。如 아ᅀᆞ 以通

縮而聲不深不淺。地闢爲弟 ㄴ 聲 • 如 도ᄅᆞ爲顚 而後

形之平象乎地也。ㅡ舌不 끗爲 ᄃᆞ리爲橋 ㄱ래 區別

之ㄱㄷㅂㅈ爲全淸 ㅋ。ㅇ而ㆆ其因 之 理而已

ㅎ爲次淸 ㅉ ㅆ 義皆 ㅇ爲異半舌音 ㄹ半 地鬼神

濁。ㅇ ㄴㅁㅇ ㄹㅿ爲不淸不濁音 ㅿ 象舌齒之形而異其體 各象其

ㅇ其聲最不厲。故次序無加畫之義焉。夫人之有聲本於牙音ㄱ

後而象形制字則爲之始。五行故合諸四時而不悖叶之五象舌附

Part. 3

마음의 경경

0145~0408

0145~0152

蓋(개) 此(차) 身(신) 髮(발) 四(사) 大(대) 五(오) 常(상)

蓋 개	무릇, 대개, 덮다, 덮개, 뚜껑	此 차	이, 이것, 이곳, 이에
身 신	몸, 신체, 몸소, 아이를 배다	髮 발	터럭, 털, 머리털, 머리카락, 초목
四 사	넉, 넷, 네 번, 사방(四方)	大 대	크다, 많다, 지나다, 대개 cf. **태** 크다
五 오	다섯, 다섯 번	常 상	항상, 늘, 언제나, 보통, 상례, 통례, 도리, 일정하다, 떳떳하다

천자문 팔행시, 여덟 글자의 해석

무릇 이 몸과 터럭에는 네 가지 큰 것(**天·地·親·師**)과 다섯 가지 일정한 것(**仁·義·禮·智·信**)이 있도다.

cf. **四大**를 **地·水·火·風**으로 보기도 한다.

천자문 팔행시, 여덟 글자의 풍경

개인(個人)으로서
차지하는
신체(身體)나 머리털이
발견(發見)되는 곳에는
사실(事實) 부모(父母)나 임금,
대기(大氣)를 둘러싼 하늘과 땅이 있고,
오로지 따라야 할 인(仁)·의(義)·예(禮)·지(智)·신(信) 같은
상례(常禮)도 있지.

천자문 팔행시, 언어유희의 풍경

차일피일(此日彼日)이니 차일피일(此逸彼逸)이라.

이 날 저 날 자꾸 미루는 꼴이 이렇게 달아나고 저렇게 달아나는 모양이라네.

단신(短身)이고 단신(單身)이란 단신(短信)이네.

이제 만날 사람이 작은 키의 몸에 배우자나 형제가 없다는 소식이 짤막하게 전해졌다.

사서삼경(四書三經) 사서 삼경(三更)

책방에서 ≪논어≫, ≪맹자≫, ≪중용≫, ≪대학≫의 네 경전과 ≪시경≫, ≪서경≫, ≪주역≫의 세 경서를 사서 밤 열한 시부터 새벽 한 시 사이까지 읽는다.

상식(常識)의 상식(常食)

우리의 정신은 늘 먹고 있지, 사람들이 보통 알고 있거나 알아야 할 지식이란 음식을.

恭(공) 惟(유) 鞠(국) 養(양) 豈(기) 敢(감) 毁(훼) 傷(상)

 恭 공	공손하다, 공경하다, 삼가다, 받들다
 惟 유	생각하다, 꾀하다, 오직, 오로지
鞠 국	기르다, 굽히다, 궁하다, 알리다, 어리다, 제기(놀이)
 養 양	기르다, 성장시키다, 돌보다, 양육(養育)하다, 수양(收養)하다, 봉양(奉養)하다, 모시다
豈 기	어찌, 어찌하여
 敢 감	감히, 구태여, 굳세다, 감당하다, 감행하다, 용감하다
毁 훼	헐다, 망가뜨리다, 깨뜨리다, 부수다, 훼손하다, 비방하다, 헐뜯다
 傷 상	다치다, 다치게 하다, 해치다, 상하다, 상처, 근심하다, 애태우다

천자문 팔행시, 여덟 글자의 해석

공손히 (부모님께서) 기르고 돌봐주셨음을 생각하나니, 어찌 감히 (이 몸을) 망가뜨리고 다치게 하겠느뇨?

천자문 팔행시, 여덟 글자의 풍경

공손(恭遜)한 자세(姿勢)를
유지(維持)한다,
국가(國家)보다 앞서
양육(養育)해주신 부모(父母)님을 대하면서.
기(氣)를 쓰고 내 몸을 지킨다.
감(敢)히 부모(父母)님이 낳아주고 길러주신 이 몸을
훼손(毁損)하거나
상처(傷處)내지 아니한다.

천자문 팔행시, 언어유희의 풍경

사유(事由)를 사유(思惟)해.

사태가 왜 그런가 그 까닭을 두루 생각해본다.

자양분(滋養分)인 자양분(自養憤)

몸의 영양분처럼 정신을 성장 발전시켜주는 성분은 바로 분노다. 자신을 길러주는, 성장의 원동력이 되는 분노가 있다. 바로 스스로 기르는 분노인데, 이 분노가 순기능을 발휘할 수 있다.

상심(商心)으로 상심(傷心)하네.

상술을 부리는 장사꾼들의 마음은 나의 마음에 상처를 남기네.

0161~0168

女(여) 慕(모) 貞(정) 烈(렬)
男(남) 效(효) 才(재) 良(량)

 女	녀, 여	여자, 딸, 처녀(處女), 시집보내다, 짝짓다 cf. **여** 너	 慕	모	그리다, 그리워하다, 사모하다, 생각하다, 뒤따르다, 우러러 받들다
 貞	정	곧다, 정조(貞操), 정절(貞節), 절개(節槪)	 烈	렬, 열	맵다, 세차다, 사납다, 맹렬하다, 굳세다, 절개가 굳다
男	남	사내, 남자, 아들	 效	효	본받다, 주다, 드리다, 힘쓰다, 효험(效驗), 효과, 보람
才	재	재주, 재능이 있는 사람, 기본, 바탕, 겨우	 良	량, 양	어질다, 좋다, 착하다, 온순하다, 아름답다, 훌륭하다

천자문 팔행시, 여덟 글자의 해석

여자는 (절개가) 곧고 굳은 걸 사모해야 하고, 남자는 재주와 어짊을 본받아야 하느니라.

천자문 팔행시, 여덟 글자의 풍경

여자(女子)는
모름지기
정조(貞操)를 지키는
렬(열)녀(烈女)여야 한다.
남자(男子)는
효율적(效率的)으로
재간(才幹)을 부릴 줄 알고
량(양)심(良心)이 곧은 사람을 본받아야 한다.

천자문 팔행시, 언어유희의 풍경

추모(醜貌)를 추모(追慕)하네.

보기 흉한 얼굴을 (그러나 고운 마음씨였던 이를) 그리며 생각한다.

열녀(烈女) 안 열려!

절개가 굳은 여자의 마음의 문(門)을 열겠다고? 절대 안 열려!

남아도는 남아(男兒)

남자 아이들이 차고도 넘칠 정도로 많다.

재기 발랄(才氣潑剌)하게 제기를 발로 랄라라 ~♬♪

재주가 있는 기운으로 밝고 활기차게 제기를 차는 발재간이 즐겁구나.

0169~0176

知(지) 過(과) 必(필) 改(개) 得(득) 能(능) 莫(막) 忘(망)

 지	알다, 깨닫다, 알리다, 앎, 지식	 과	허물, 잘못, 지나다, 지나가다, 지나치다, 그르치다, 잘못하다
 필	반드시, 오로지, 기필코, 꼭	 개	고치다, 바로잡다, 바꾸다, 바뀌다, 다시
 득	얻다, 깨닫다, 알맞다, 탐하다	 능	능하다, 잘하다, 능력 cf. **내** 발이 셋인 자라, 견디다
 막	말다, ~하지 말라, 없다, 더할 나위 없다, 아득하다 cf. **멱** 덮다, **모** 저물다, 나물	 망	잊다, 망각하다, 버리다, 잃어버리다, 소홀히 하다, 끝나다

천자문 팔행시, 여덟 글자의 해석

허물을 알았다면 반드시 바로잡고, 능력을 얻었다면 망각하지 말지어다.

천자문 팔행시, 여덟 글자의 풍경

지각(知覺)된
과오(過誤)는
필수적(必須的)으로 고친다.
개전(改悛)의 정(情)을 보인다.
득도(得道)하듯 얻은
능력(能力)은
막강(莫强)하게 다듬으며
망각(忘却)하지 않는다.

천자문 팔행시, 언어유희의 풍경

지각(知覺) 늘 지각(遲刻)

알아서 깨닫는 덴 늘 시간이 지체되지.

개과천선(改過遷善)이냐, 개과천선(蓋過遷善)이냐?

잘못을 고치고 선으로 옮아가느냐, 아니면 잘못을 덮어두고 선으로 옮아가느냐?

개과천선(改過遷善)하니 개가 천선(天善)이라.

'개'처럼 살았던 걸'과'를 '천'시하며 '선'하게 다시 태어났네. 그 아이가 본래 타고난 성품, 즉 천성은 착한 애였거든.

0177~0184

罔(망) 談(담) 彼(피) 短(단)
靡(미) 恃(시) 己(기) 長(장)

 망	없다, 말다, ~말라, 속이다, 그물	 담	말씀, 이야기, 이야기하다, 말하다, 농담하다
 피	저, 저것, 저기, 저쪽, 아니다, 덮다	 단	짧다, (키가) 작다, 적다, 부족하다, 헐뜯다, 허물, 결점
 미	말다, ~말라, 없다, 쓰러지다, 쏠리다, 다하다	 시	믿다, 의지하다, 의뢰하다
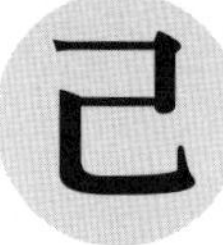 기	몸, 자기, 제 자신, 다스리다	 장	길다, 낫다, 자라다, 오래다, 맏이, 어른, 우두머리, 길이, 늘, 장점

천자문 팔행시, 여덟 글자의 해석

저 사람(남)의 결점을 말하지 말며, 제 자신의 장점을 믿지도 말라.

천자문 팔행시, 여덟 글자의 풍경

망측(罔測)하니까
담화(談話)할 때
피(避)하라, 남의
단점(短點)을 왈가왈부(曰可曰否)하는 것을.
미움받을 수도 있으니
시건방지게
기고만장(氣高萬丈)하게 자기(自己)의
장점(長點)을 떠벌리지 마라.

천자문 팔행시, 언어유희의 풍경

차일피일(此日彼日)이니 차일피일(遮日避日)이라.

이 날 저 날하며 날을 미루는 모양이 해가 뜨거워 해를 가리고 그 해를 피하는 모양과 비슷하구나.

지기 싫은 지기(知己)

나의 속마음을 참되게 알아주는 그 친구는 남에게 지기 싫어하는 성향이 있지. 반드시 이기고 싶어해.

일장일단(一長一短)이지만 일장일단(日長日斷)이리라.

장점도 있고 단점도 있다지만, 하루하루 장점은 꾸준히 늘리고 하루하루 끊을 단점은 끊는다.

0185~0192

信(신) 使(사) 可(가) 覆(복) 器(기) 欲(욕) 難(난) 量(량)

 신	믿다, 미쁘다, 믿음, 참되다, 맡기다, 명백하게 하다, 신표(信標), 편지, 소식	 사	부리다, 시키다, 하게 하다, 하여금, 사신(使臣), 가령, 설사
 가	옳다, 허락하다, 가능하다, ~할 수 있다, 가히, 정도, 쯤	 복	다시, 되풀이하다, 뒤집다, 뒤집히다
 기	그릇, 도구, 도량, 재능, 인재	 욕	~하고자 하다, 바라다, 탐내다, 욕심
 난	어렵다, 꾸짖다, 나무라다, 근심, 재앙 cf. **나** 우거지다	 량	헤아리다, 재다, 분량, (무게, 부피 등의) 양

천자문 팔행시, 여덟 글자의 해석

믿음은 (믿음으로 정한 일을) 되풀이할 수 있게 하고, 도량은 (그 깊이와 폭을) 헤아리기 어렵기를 바라느니라.

cf. 보통 **信**을 '약속'으로, **覆**을 '실천하다'로 해석들을 하는데, 여기서는 **信**과 **覆**의 자전적 뜻에 충실하게 해석하였다.

천자문 팔행시, 여덟 글자의 풍경

신의(**信義**)를 지키는 것을
사명(**使命**)으로 삼아라.
가능(**可能**)한 한 꼭 약속(**約束**)을 지키겠다고
복명복창(**復命復唱**)하라.
기량(**器量**)을 신장(**伸張**)하려는
욕구(**欲求**)를 충족(**充足**)하기 위해
난관(**難關**)도 헤쳐나가며
량(**量**)을 헤아릴 수 없을 정도로 기량(**器量**)을 갖추도록 하라.

천자문 팔행시, 언어유희의 풍경

불가능(不可能)? 불같이 가능(可能)!

할 수 없고 될 수 없다고? 격렬히 할 수 있고 강렬히 될 수 있다고!

욕파불능(欲罷不能)이라니 욕파불능(辱破不能)임에도

그만두고자 해도 그만둘 수 없니? 욕은 파괴만 할 뿐, 능히 할 수 있는 게 없는데?

재량(才量)의 재량(裁量)

자기가 가진 재주와 도량(**度量**)으로 생각하고 판단하여 일을 처리한다.

0193~0200

墨(묵) 悲(비) 絲(사) 染(염)
詩(시) 讚(찬) 羔(고) 羊(양)

묵

먹, 먹줄, 검다,
사람 이름[묵자(墨子),
묵적(墨翟)]

비

슬프다, 슬퍼하다,
마음 아파하다,
슬픔, 비애

사

실, 명주실, 실을 잣다,
가늘고 길다

염

물들이다, 물들다,
적시다,
더럽히다, 더럽혀지다

시

시, 시경(詩經)

찬

기리다, 칭송하다,
칭찬하다, 찬양하다

고

새끼 양

양

양

천자문 팔행시, 여덟 글자의 해석

묵적은 (흰) 실이 (더럽게) 물드는 것을 슬퍼하였고, 시경에서는 (덕으로 다스려) 양처럼 선해짐을 칭송하였네.

천자문 팔행시, 여덟 글자의 풍경

묵(墨)처럼 까맣게 악(惡)에 물드는
비극(悲劇).
사람의 성품(性品)을 변색(變色)시키는
염료(染料).
시인(詩人)은
찬미(讚美)하고 싶다:
고고(孤高)한 왕(王)의 덕정(德政)으로 백성(百姓)들이
양(羊)처럼 순(順)한 성정(性情)으로 변모(變貌)되는
과정(過程)을.

천자문 팔행시, 언어유희의 풍경

동시(冬時)의 동시(童詩)

찬바람 부는 겨울철에 어린이의 (따뜻한) 마음을 시로 읊네.

양두구육(羊頭狗肉)이라니, 양두구육(羊頭求肉)이거늘!

양의 머리를 걸어놓고 개고기를 팔아? 겉보기만 그럴싸하고 속은 왜 이렇게 변변치 않아? 양의 머리를 걸어놓은 걸 보았으니 그 양의 고기를 구하는 건 당연한 거 아냐!

0201~0208

景(경) 行(행) 維(유) 賢(현)
克(극) 念(념) 作(작) 聖(성)

 景 경	볕, 햇볕, 경치, 풍경, 밝다, 크다 cf. **영** 그림자	 行 행	다니다, 가다, 행하다, 하다, 걷다, 길, 도로, 행실, 행위 cf. **항** 항렬, 줄, 대열
維 유	벼리, 끈, 줄, 맺다, 매다, 묶다, 유지하다, 생각하다, 다만, 오직	 賢 현	어질다, 낫다, 어진 사람, 현인(賢人)
克 극	이기다, 견디어 내다, 능하다, 능히	 念 념	생각, 생각하다, 외다, 외우다, 읊다, 삼가다
作 작	짓다, 만들다, 일하다, 일어나다, 이르다, 되다, 저작, 작품	 聖 성	성인(聖人), 성스럽다, 거룩하다

천자문 팔행시, 여덟 글자의 해석

큰 길(훌륭한 행실)을 따르면 현인으로 맺어지며, 능히 생각하면 성인에 이르게 되느니라.

천자문 팔행시, 여덟 글자의 풍경

경치(**景致**)를 보는 두 사람이 있도다.
행실(**行實**)이
유연(**柔軟**)하고 어진
현인(**賢人**)이 한 사람 있고,
극기(**克己**)하며
념(염)불(**念佛**)하듯 정갈한 자세(**姿勢**)로 스스로
작품성(**作品性**)이 뛰어난 작품(**作品**)이 된
성인(**聖人**)이 한 사람 있다.

천자문 팔행시, 언어유희의 풍경

우문현답(愚問賢答)이요 우문현답(憂問賢答)이라.

어리석은 질문에 현명하게 대답하고, 근심 어린 질문에도 지혜로이 대답하네.

부작용(富作用)의 부작용(副作用)

넉넉한 재산 씀씀이가 일으키는 현상이나 영향이 부수적으로 바람직하지 못한 사태를 야기할 수 있다.

성탄절(聖誕節)? 성탄절(星誕節)!

사람들은 성인의 탄생한 날을 기념하지. 나는 (너라는) 별이 탄생한 날을 기념해.

0209~0216

德(덕) 建(건) 名(명) 立(립) 形(형) 端(단) 表(표) 正(정)

한자	뜻	한자	뜻
 德 덕	덕, 도덕, 복, 혜택	 建 건	세우다, 일으키다, 엎지르다
 名 명	이름, 평판, 명분, 외형, 이름 짓다, 이름나다, 유명하다	 立 립	서다, 세우다, 곧, 즉시, 바로
形 형	모양, 형상, 얼굴, 용모, 형세, 꼴, 나타나다	 端 단	끝, 처음, 실마리, 가장자리, 바르다, 단정하다, 살피다
 表 표	겉, 거동, 바깥, 표, 도표, 웃옷, 모범, 드러나다, 나타내다, 밝히다	 正 정	바르다, 바로잡다, 본보기, 정월

천자문 팔행시, 여덟 글자의 해석

덕을 세우니 이름도 서고(이름나고), 용모가 단정하니 거동도 바르노라.

천자문 팔행시, 여덟 글자의 풍경

덕성(**德性**)으로 덕성(**德城**)을
건설(**建設**)하여
명성(**名聲**)으로
립(입)지(**立地**)를 다진 명성(**明城**)을 쌓아라.
형상(**形象**)을
단정(**端正**)히 하여
표현(**表現**)하라,
정확(**正確**)히 바른 몸가짐을.

천자문 팔행시, 언어유희의 풍경

보원이덕(報怨以德)이란 보원이덕(補怨以德)이라.
원한을 은덕으로 갚는다는 말은 원한을 은덕으로 꿰맨다는 말이기도 하다.

입신양명(立身揚名)보다 입신양명(入信揚名)하라.
몸을 더 높이 세워 이름을 떨치기보다 믿음으로 들어가 이름을 떨치도록 하라.

원형(原型)은 원형(圓形)
본디의 꼴은 둥근 모양이더라.

단서(丹書)를 단서(端緖)로
돌에 새긴 글이 문제 해결의 시초가 되더라.

표리부동(表裏不同)이니 표리부동(表裏浮動)이라.
겉으로 드러나는 언행과 속으로 하는 생각이 다르니, 겉과 속이 제각각 둥둥 떠다니는 꼴이다.

0217~0224

空(공) 谷(곡) 傳(전) 聲(성) 虛(허) 堂(당) 習(습) 聽(청)

 공	비다, 없다, 부질없다, 공허하게 하다, 구멍, 공중, 하늘	 곡	골, 골짜기, 계곡, (좁은) 길, 궁하다
 전	전하다, 옮기다, 전하여지다, 전기(傳記), 역(驛)	 성	소리, 목소리, 음성, 노래, 음악, 말, 소문
 허	비다, 비우다, 헛되다, 약하다, 틈, 구멍	 당	집, 큰 집, 마루, 당당하다, 번듯하다, 의젓하다
 습	익히다, 배우다, 익숙하다, 습관, 버릇	 청	듣다, 단정하다, 결정하다, 따르다, 순종하다

천자문 팔행시, 여덟 글자의 해석

빈 골짜기라도 (메아리쳐) 소리를 전하노니, 빈집도 (소리를 잘) 듣는 데는 익숙하노라.

천자문 팔행시, 여덟 글자의 풍경

공기(空氣)를 가르며 아름다운
곡조(曲調)를
전파(傳播)하는
성대(聲帶)처럼
허공(虛空)에
당당(堂堂)히 울려퍼져
습득(習得)할 수 있고
청취(聽取)할 수 있는 소리를 낸다.

천자문 팔행시, 언어유희의 풍경

공허(公許)는 공허(空虛)

정부의 그런 허가는 실속이 없이 헛될 뿐이다.

가공(可恐)의 가공(加工), 가공(架空) or not

문학이나 영화에서 허구의 인물이 두려워할 만한 것을 새로 만들어냈다면 우리에게 즐거움을 주겠지. 문제는 그러한 가상 공간이 아니라 현실 공간에서 두려워할 만한 것을 새로 만들어내고 있는 실존 인물들이라네.

허허실실(虛虛實實)로 허허 실실 ~♬♪

허를 찌르고 실을 꾀하며 성과가 좋아 허허 웃고 실실 웃는다.

0225~0232

禍(화) 因(인) 惡(악) 積(적)
福(복) 緣(연) 善(선) 慶(경)

한자	뜻	한자	뜻
 화	재앙, 재난, 화근(禍根)이 되다	 인	인하다, 말미암다, 잇닿다, 이어받다, 인연, 까닭
惡 악	악하다, 나쁘다, 악, 잘못, 재난 cf. **오** 미워하다, 헐뜯다, 부끄러워하다, 어찌	 적	쌓다, 모으다, 포개다 cf. **자** 저축
福 복	복, 행복, 복을 받다, 상서롭다	 연	인연, 연줄, 연유, 까닭, 연유하다, 말미암다, 두르다
善 선	착하다, 좋다, 훌륭하다, 어질다, 잘하다	 경	경사, 축하할 일, 기쁜 일, 선행(善行), 기뻐하다, 경사스럽다, 축하하다

천자문 팔행시, 여덟 글자의 해석

재앙은 나쁜 짓을 쌓음으로 말미암고, 행복은 착한 (행동으로 생긴) 경사에서 연유하노라.

천자문 팔행시, 여덟 글자의 풍경

화근(禍根)이 뭐였을까?
인과관계(因果關係)를 따져보니
악행(惡行)이
적잖이 누적(累積)되고 축적(蓄積)된 결과(結果)로구나.
복권(福券)에 당첨(當籤)된 듯이 행복(幸福)해진
연고(緣故)는 돌이켜보니
선행(善行)이 쌓여 생긴
경사(慶事)로구나.

천자문 팔행시, 언어유희의 풍경

패인(敗因) 아닌 패인(覇因)

싸움에서 지거나 일에 실패한 원인 말고 으뜸이 되고 뛰어날 수 있는 원인을 따진다.

축적(蓄積)되니 축적(祝蹟)하라.

지식, 경험, 자금 따위를 모아서 쌓으니, 그렇게 많이 쌓인 결과를 축하한다.

축복(蓄福)의 축복(祝福)

복을 쌓기를, 그런 행복을 빎.

경사(慶事)로의 경사(傾斜)!

축하받을 만한 기쁜 일로 비스듬한 내리막길을 달려 빨리 도달했으면!

0233~0240

尺(척) 璧(벽) 非(비) 寶(보)
寸(촌) 陰(음) 是(시) 競(경)

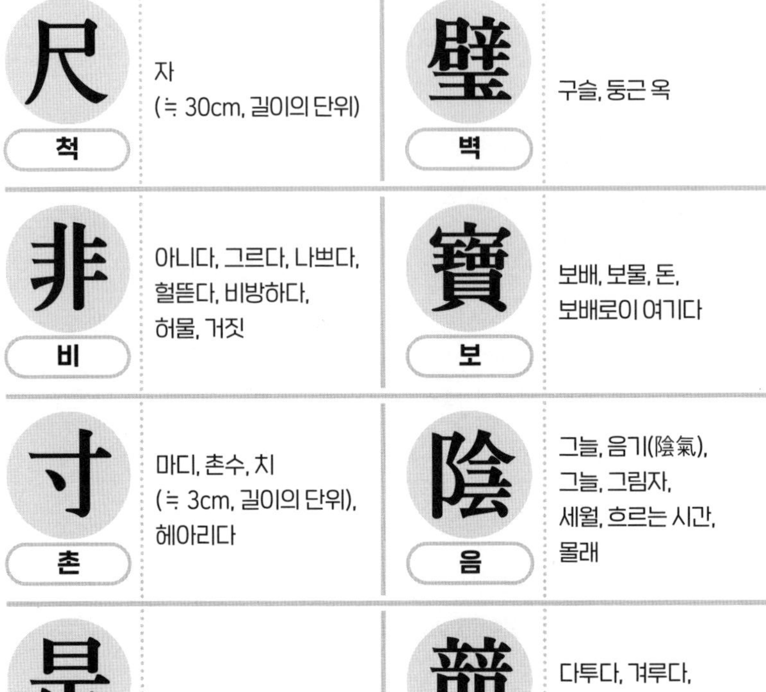

尺	척	자 (≒ 30cm, 길이의 단위)	璧	벽	구슬, 둥근 옥
非	비	아니다, 그르다, 나쁘다, 헐뜯다, 비방하다, 허물, 거짓	寶	보	보배, 보물, 돈, 보배로이 여기다
寸	촌	마디, 촌수, 치 (≒ 3cm, 길이의 단위), 헤아리다	陰	음	그늘, 음기(陰氣), 그늘, 그림자, 세월, 흐르는 시간, 몰래
是	시	이, 이것, 옳다, 바로잡다	競	경	다투다, 겨루다, 경쟁하다, 쫓다, 나아가다, 굳세다

천자문 팔행시, 여덟 글자의 해석

(지름이) 한 자(≒ 30센티미터)나 되는 구슬도 보배는 아니요, 한 치(≒ 3센티미터) 밖에 되지 않는 시간, 이것을 (잘 쓰고자) 다투어야 하느니라.

천자문 팔행시, 여덟 글자의 풍경

척도(尺度), 기준(基準)이
벽옥(璧玉) 같은 물질(物質)이더냐?
비난(非難)하지는 않으마.
보물(寶物)에 눈이 가는 마음이야 어쩔 수 없겠다만
촌각(寸刻)을 다퉈야 하니
음지(陰地)에서 양지(陽地)에서
시간(時間)을 더 귀중(貴重)히 여겨라.
경쟁 사회(競爭社會)라서 더더욱 그러하다.

천자문 팔행시, 언어유희의 풍경

비몽사몽(非夢似夢) 아니고 비몽사몽(非夢寫夢)이니라.

완전히 잠이 들지도 못하고, 잠에서 완전히 깨어나지도 못한 어렴풋한 상태가 아니다. 꿈이 아닌 현실에서 (이루고자 하는) 꿈을 닮으려고 노력하는 상태다.

경쟁(競爭): 경쟁(慶爭) 위해 경쟁(警爭)하고 경쟁(敬爭)하라.

어떻게 다툴 거냐? 다툼의 자세를 생각해 보면, 승리가 눈앞에 보이도록, 승리하여 경사로다! 하기 위해, 긴장감이 고조된 상태로 경계하며 다투지만, 동시에 적을 대하는 기본 자세로 — 적에 대한 예의를 지키면서 — 상대방을 공경하며 다투어야 한다.

0241~0248

資(자) 父(부) 事(사) 君(군)
曰(왈) 嚴(엄) 與(여) 敬(경)

	자	재물, 자본, 밑천, 바탕, 자질, 도움, 돕다, 쌓다
	부	아비, 아버지, 늙으신네
	사	일, 직분, 임무, 섬기다, 일삼다
	군	임금, 남편, 부모, 군자(君子), 아내, 그대, 자네
	왈	가로(되), 가로다, 말하다, 이르다, 일컫다, ~라 하다
	엄	엄하다, 엄숙하다, 공경하여 삼가다, 경계하다, 혹독하다, 굳세다
	여	더불어, ~와(과), 더불다, 함께하다, 참여하다, 주다, 허락하다, 무리
	경	공경하다, 삼가다, 공경, 공손함, 예(禮)

천자문 팔행시, 여덟 글자의 해석

아버지(를 대하는 자세)를 바탕으로 임금을 섬기니, 가로되 엄숙하고 더불어 공손할지어다.

천자문 팔행시, 여덟 글자의 풍경

자질(資質)이야 마음씨지.
부모(父母)를 섬기는 데 있어
사랑 가득한 효성(孝誠)스러운 마음.
군주(君主)를 섬기는 충성(忠誠)스러운 마음도
왈가왈부(曰可曰否)할 것 없이 비슷하지.
엄숙(嚴肅)하게
여력(餘力)을 다해
경외심(敬畏心)을 가지고.

천자문 팔행시, 언어유희의 풍경

자본(資本)의 자본(子本)

밑천이 되는 돈의 원금과 이자.

검사(檢事)가 검사(檢査)해.

검찰권을 행사하는 사법관이 공소를 제기하기 위해 사실 관계나 옳고 그름을 조사한다.

왈가왈부(曰可曰否)하니 왈가왈부(曰價曰富)더라.

옳다 그르다 떠들고 있는데 가만히 살펴보니 값어치를 따지고 돈이 되는 이야기들을 하고 있더라.

경로(敬老)의 경로(經路)

노인을 공경하는 일이 진행되는 순서를 고찰한다.

0249~0256

孝(효) 當(당) 竭(갈) 力(력) 忠(충) 則(즉) 盡(진) 命(명)

 孝	효	효도, 효도하다
 當	당	마땅하다, 맞다, 알맞다, 맡다, 주관하다, 당하다, 대적하다, 저당, 전당, 밑, 이
 竭	갈	다하다, 바닥이 나다, 마르다, 끝나다, 망하다
 力	력	힘, 힘쓰다, 애쓰다, 일꾼, 하인, 군사
 忠	충	충성, 충성하다, 정성, 정성을 다하다
 則	즉	곧, 바로, 결국, 다만 cf. **칙** 법칙, 규칙, 법률, 본받다
 盡	진	다하다, 정성을 다하다, 있는 힘을 다하다, 극진하다, 마치다, 끝나다
 命	명	목숨, 수명, 운명, 운수, 표적, 명령, 명령하다, 명하다, 이름 짓다

천자문 팔행시, 여덟 글자의 해석

효도할 때는 마땅히 (온) 힘을 다하고, 충성할 때는 바로 목숨을 다하도록 하노라.

천자문 팔행시, 여덟 글자의 풍경

효도(孝道)하기를
당부(當付)한다.
갈증(渴症)을 해소(解消)하듯
력(역)점(力點)을 두어 실천(實踐)하라.
충성(忠誠)할 때도
즉시(卽時)
진력(盡力)을 다하라.
명운(命運)을 걸고서라도.

천자문 팔행시, 언어유희의 풍경

반포지효(反哺之孝)니 반포지효(頒布知孝)라.

까마귀 새끼가 자라서 늙은 어미에게 먹이를 물어다 주는, 그런 효(孝)가 있다. 자식이 자란 후에 어버이의 은혜를 갚는 효성을 이르는 말인데, 현대 사회에서 점점 사라져가는 효행이다. 이런 효행을 권장하기 위해 좋은 효도 사례들을 세상에 널리 퍼뜨려 사람들이 모두 알게 하는 것도 하나의 방법이 될 터이다.

당(黨)에 연연(戀戀), 당연(當然)한가?

앞뒤 사정을 놓고 볼 때 정치 조직에 집착하는 게, 그런 무리에 집착하는 게 마땅히 그러한 거냐?

매진(賣盡)에 매진(邁進)

하나도 남지 않고 모두 다 팔려 동이 나도록 전심전력을 다하여 상인이 물건을 판매한다.

명명(命名)하란 명명(明命)

이름을 붙이란 신령님의 명령이 있었다네. (So, My Name is **不良敎生**! ……응?)

0257~0264

臨(임) 深(심) 履(리) 薄(박) 夙(숙) 興(흥) 溫(온) 凊(정)

림, 임

임하다, 대하다, 다스리다, 임시(臨時)

심

깊다, 짙다, 깊이, 심히

리

밟다, 걷다, 겪다, 행하다, 신다, 신발, 밟은 땅

박

엷다, 얇다, 야박하다, 가벼이 여기다, 메마르다

숙

이르다, 빠르다, 일찍, 이른 아침, 새벽

흥

일다, 일으키다, 일어나다, 번성하다, 흥하다, 흥겹다

온

따뜻하다, 온화하다, 익히다

정

서늘하다, 차갑다, 춥다
cf. **청** 서늘하다

천자문 팔행시, 여덟 글자의 해석

깊은 곳(물)을 대하듯 얇은 곳(얼음)을 밟듯 (언행이) 조심스럽고, 이른 아침부터 일어나서 (겨울에는) 따뜻하게 (여름에는) 서늘하게 어버이를 섬기거라.

천자문 팔행시, 여덟 글자의 풍경

임박(**臨迫**)한 듯
심해(**深海**)와 마주할 때에 임박(**臨迫**)한 듯
리(이)행(**履行**)하라, 효도(**孝道**)를.
박처럼 깨질 듯한 살얼음판(**板**)을 걷듯
숙연(**肅然**)한 마음으로
흥부(**興夫**)가
온도(**溫度**)를 서늘하게, 따뜻하게 맞추며
정성(**精誠**)스레 부모(**父母**)를 섬기듯

천자문 팔행시, 언어유희의 풍경

임기응변(臨機應變)으로 임기응변(任期應辯)일 뿐

정부가 또 급급하게 그때그때 처한 사태에 맞추어 즉각 그 자리에서 일들을 처리했네. 임무를 맡아보는 기간에 공직자들이 국민들의 해명에 응하여 이리저리 말을 둘러대고 있을 뿐이네.

이력(耳力)으로 쌓아온 이력(履歷)

소리를 듣는 귀의 힘으로 이뤄온 발자취.

부흥(復興) 위한 부흥(扶興)

쇠퇴하였다가 다시 일어나려 한다. 조력자가 그렇게 일어나도록 옆에서 돕는다

0265~0272

似(사) 蘭(란) 斯(사) 馨(형)
如(여) 松(송) 之(지) 盛(성)

似	사	같다, 닮다, 비슷하다, ~인 듯하다, 흉내내다, 잇다
蘭	란	난초, 목련, 얼룩, 떠돌다
斯	사	이, 이것, 곧, 이에, 쪼개다
馨	형	향기, 향기롭다, 꽃답다
如	여	같다, 가다, 따르다, 만약, 어찌
松	송	솔, 소나무
之	지	가다, 이르다, ~의, 그것
盛	성	성하다, 무성하다, 많다, 넘치다, 담다, 절정

천자문 팔행시, 여덟 글자의 해석

(덕은) 난초와 같아서 이렇게 향기롭고, (지조 높은) 소나무의 무성함과 같도다.

천자문 팔행시, 여덟 글자의 풍경

사고(**思考**)의 품격(**品格**)이
란(난)초(**蘭草**)처럼 향기(**香氣**)롭고
사슴처럼 영롱(**玲瓏**)하다고밖에
형용(**形容**)할 수 없구려.
여전(**如前**)히 앞으로도
송백(**松柏**)의
지조(**志操**)가
성대(**盛大**)할 지어이다.

천자문 팔행시, 언어유희의 풍경

여반장(女班長)의 여반장(如反掌)

반 대표인 여자가 손바닥 뒤집듯이 쉽게 하는 일이 있다.

새옹지마(塞翁之馬)니 그'새' '옹'크리'지' '마'!

옛날에 새옹이 기르던 말이 오랑캐 땅으로 달아나서 노인이 낙심하였는데, 그 후에 달아났던 말이 준마를 한 필 끌고 와서 그 덕분에 훌륭한 말을 얻게 되었으나 아들이 그 준마를 타다가 떨어져서 다리가 부러졌으므로 노인이 다시 낙심하였는데, 그로 인하여 아들이 전쟁에 끌려 나가지 아니하고 죽음을 면할 수 있었다는 이야기다. 인생의 길흉화복은 변화가 많아서 예측하기가 어렵다. 당장의 불행이 불행이 아닐 수 있다. 그러니까 그사이 기죽어서 몸을 오그리고 옹크리지 말길 바란다.

낭중지추(囊中之錐)는 낭중지추(浪中之錐)라.

주머니 속의 송곳은 삐져 나오기 마련이다. 재능이 뛰어난 사람은 숨어 있어도 저절로 사람들에게 알려짐을 이르는 말이다. 특히 물결과 파도가 치는 격동의 시기에 그 송곳은 더 날카롭게 주머니를 찢고 나올 것이다.

0273~0280

川(천) 流(류) 不(불) 息(식)
淵(연) 澄(징) 取(취) 映(영)

	천	내, 냇물, 물귀신, 들판, 벌판
	류	흐르다, 흘리다, 떠돌다, 내치다, 귀양 보내다, 흐름, 갈래
	불	아니다, 아니하다, 없다, 못하다 cf. **부** 'ㄷ, ㅈ' 앞에서 '부'로 발음
	식	쉬다, 숨쉬다, 그치다, 살다, 번식하다, 자식
	연	못, 연못, 깊다, 조용하다
	징	맑다, 맑게 하다
	취	취하다, 가지다, 받다, 당하다
	영	비치다, 비추다, 햇빛, 햇살

천자문 팔행시, 여덟 글자의 해석

냇물은 흐르는데 쉬지 아니하며, 연못은 맑으니 비쳐지는구나.

천자문 팔행시, 여덟 글자의 풍경

천천히라도
류(유)유(**悠悠**)히 흐르고 흐른다. 휴식(**休息**)은
불가(**不可**)하다.
식지 않고 꾸준하다.
연못에 비친 내면(**內面**)이
징그럽지 않고
취(**醉**)할 정도로
영상(**映像**)이 곱디곱다.

천자문 팔행시, 언어유희의 풍경

일류(一類)에서 일류(一流)

하나의 무리에서 첫째가는 지위에 있다.

취이불탐(取而不貪)이니 취이불탐(醉而不貪)이라.

갖고 있겠지만 갖고 싶어 지나치게 욕심을 부릴 정도까지는 아니다. 이성을 잃고 술에 취하더라도 그렇게 욕심을 내지는 않는다.

반영(反影)을 반영(反映)하라!

반사된 그림자가 비치는 현상을 나타내라.

0281~0288

容(용) 止(지) 若(약) 思(사) 言(언) 辭(사) 安(안) 定(정)

 용	얼굴, 모양, 모습, 몸가짐, 꾸미다, 담다, 받아들이다, 용납하다, 용서하다	 지	그치다, 그만두다, 멈추다, 금하다, 머무르다, 거동, 행동거지(行動擧止)
 약	같다, 너, 만약, 혹시, 또는, 및 cf. **야** 반야(般若)	 사	생각하다, 사모하다, 바라다, 생각, 의사(意思), 사유(思惟)
 언	말씀, 말, 언어, 말하다	 사	말씀, 말, 알리다, 사양(辭讓)하다
 안	편안하다, 즐기다, 편안하게 하다, 어찌	 정	정하다, 정해지다, 바로잡다, 반드시, 이마

천자문 팔행시, 여덟 글자의 해석

몸가짐과 행동거지는 생각하듯 하고, 말이나 말씨는 안정되게 하느니라.

천자문 팔행시, 여덟 글자의 풍경

용모(容貌)와 행동(行動)은
지닌다.
약간(若干)
사색(思索)하는 기운을.
언어(言語)를
사용(使用)함에 있어서는
안정적(安定的)으로
정착(定着)된 모습이다.

천자문 팔행시, 언어유희의 풍경

화용월태(花容月態)보다 화용월태(花勇越態)

꽃다운 얼굴에 달과 같은 자태의 아름다운 여인도 물론 좋지만, 꽃다운 용기와 세속을 뛰어넘는 자태를 보이는 사람이 더 일품이다.

용기(容器)에 용기(勇氣)를 담아라.

(너라는) 그릇에 씩씩한 기운을 담아라.

사고(思考) 사고(事故)

생각의 과정에서 끊김, 충돌 등 사고가 발생한다.

언중유골(言中有骨)이란 언중유골(言衆遺骨)이라.

말 속에 뼈가 있다. 이 뼈는 같은 언어를 쓰는 언어 사회 안의 대중(**大衆**)이 남긴 뼈이기도 하다. 예사로운 말 속에 든 단단한 속뜻이란 뼈다.

위안(僞贋)의 위안(慰安)

거짓됨이 마음을 편안히 해준다.

0289~0296

篤(독) 初(초) 誠(성) 美(미)
愼(신) 終(종) 宜(의) 令(령)

 篤 독	도탑다, 미쁘다, 신실하다, 심하다, 위중하다, 오로지	 初 초	처음, 첫, 시작, 처음으로, 비로소
誠 성	정성, 진심, 진실, 참된 마음, 참으로, 진실로, 삼가다	 美 미	아름답다, 맛나다, 경사스럽다, 기리다
 愼 신	삼가다, 조심하다, 조심스럽다, 참으로	 終 종	마치다, 끝나다, 끝, 마침내
 宜 의	마땅하다, 화목하다, 마땅히	 令 령	하여금, 하게 하다, 명령하다, 우두머리, 좋다, 아름답다, 명령, 법령, 가령(假令)

천자문 팔행시, 여덟 글자의 해석

처음을 도탑게 하니 진실로 아름답고, 마칠 때 삼가니 마땅히 아름답도다.

천자문 팔행시, 여덟 글자의 풍경

독실(篤實)한 마음으로
초심(初心)을 유지(維持)한다.
성의(誠意)껏
미술(美術) 작품(作品)을 빚듯
신중(愼重)하게 시작(始作)한 일을
종결(終結)할 때까지
의기(意氣)를 누그러뜨리지 않고
령(영)혼(靈魂)을 갈아넣는다.

천자문 팔행시, 언어유희의 풍경

돈독(毒) 말고 돈독(敦篤)

돈을 지나치게 밝히는 경향 말고 사랑이 깊고 성실한 관계 말이다.

초보(初步)의 초보(哨堡)

첫걸음을 내딛는 자가 적의 동태를 살피는 보루에 있다.

지성(知性)의 지성(至誠)

지적인 정신 작용을 아주 성실하게.

종착역(終着驛)의 종착력(從着力)

마지막으로 도착하는 역은 행선지로서 그곳으로 따라붙게 하는 힘이 있다. 마치 최종 목표가 인력으로 작용하여 우리의 행동을 이끄는 것과 같아 보인다.

0297~0304

榮(영) 業(업) 所(소) 基(기) 籍(자) 甚(심) 無(무) 竟(경)

 榮	영	영화(榮華), 꽃, 영화롭다, 번영하다, 꽃피다	 業	업	일, 직업, 사업, 기초, 시작하다
 所	소	바, 것, 곳, 장소, 경우	 基	기	터, 토대, 기초, 비롯하다, 도모하다
 籍	자	온화하다, 깔다, 떠들썩하다, 자자하다 cf. **적** 문서, 책, 서적, 호적, 장부	 甚	심	심하다, 지나치다, 심히, 무엇
 無	무	없다, 아니다	 竟	경	마치다, 마침내, 끝, 지경(地境)

천자문 팔행시, 여덟 글자의 해석

영화로운 일이 터로 잡은 장소에서 (명성이) 심히 자자하여 끝이 없노라.

천자문 팔행시, 여덟 글자의 풍경

영화(榮華)로운
업적(業績)이
소위(所謂) 말해서
기초(基礎)가 잘 다져져 이루어지니
자랑할 만한 명예(名譽)가
심심치 않게 사람들 입에
무한대(無限大)로 오르내리니
경사(慶事)로구나!

천자문 팔행시, 언어유희의 풍경

수업(受業) + 수업(授業) = 수업(修業)

학업을 전수하고 학업을 전수받으며 학업을 갈고닦는다.

기본(基本)은 기본(基bone)

사물이나 현상, 이론, 시설 따위의 '기초와 근본'이 되는 것은 말하자면 그것들의 살이 붙는 '뼈'와 같은 것이다.

무소 뿔이 박듯 무소불위(無所不爲)

거세게 직진하며 모든 것을 박아버리는 무소의 뿔처럼 하지 못할 일이 없이 제멋대로 행동한다.

필경(畢竟) 필경(筆耕)

마침내 (경작하는 마음으로) 글쓰기로 들어선다.

0305~0312

學(학) 優(우) 登(등) 仕(사) 攝(섭) 職(직) 從(종) 政(정)

學	학	배우다, 학문, 가르침	優	우	넉넉하다, 후하다, 도탑다, 부드럽다, 뛰어나다
登	등	오르다, 올리다	仕	사	벼슬, 벼슬살이, 벼슬하다, 섬기다, 살피다
攝	섭	잡다, 당기다, 돕다, 겸하다, 맡다	職	직	직분, 직무, 직업, 벼슬, 공물, 맡다
從	종	좇다, 따르다, 나아가다, 시중들다, 사촌	政	정	정사(政事), 바루다, 바로잡다

천자문 팔행시, 여덟 글자의 해석

배우고 (남은 힘이) 넉넉하여 벼슬에 오르니, 직무를 맡아 정사로 나아가노라.

천자문 팔행시, 여덟 글자의 풍경

학업(學業)이
우수(優秀)하고 여력(餘力)이 있는 자(者)를
등용(登用)시켜
사무(事務)를 보게 하라.
섭렵(涉獵)한 지식(知識)을
직무(職務)에 활용(活用)하며
종사(從事)하는
정부(政府)의 일원(一員)이 되게 하라.

천자문 팔행시, 언어유희의 풍경

우수(優秀)의 우수(憂愁)

여럿 가운데 뛰어남으로 인한 근심과 걱정이 있다.

포섭(包攝)하다 포섭(包燮)하네.

상대편을 자기편으로 감싸 끌어들이다가 활활 타는 불덩이를 감싼 듯이 봉변을 당한다.

직원(職員)의 직원(直願)

직장에서 근무하는 사람에게 직접 원하는 바를 들어보자.

0313~0320

存(존) 以(이) 甘(감) 棠(당) 去(거) 而(이) 益(익) 詠(영)

 존	있다, 존재하다, 보존하다, 문안하다	 이	써, ~로써, ~에 의하여, 까닭
 감	달다, 맛이 좋다, 즐기다	 당	아가위나무, 팥배나무
 거	가다, 떠나가다, 버리다, 없애다, 피하다	 이	말을 잇다, 그리고, 그리하여, 그러나, 너, 구레나룻
 익	더하다, 보태다, 이롭다, 이익, 더욱, 한결	 영	읊다, 노래하다, 시가(詩歌)를 짓다

천자문 팔행시, 여덟 글자의 해석

(소공이 선정을 베풀던) 감당나무를 보존함으로써, (그분이) 가시고도 (그를 기리는 노래를) 더욱 읊었다네.

천자문 팔행시, 여덟 글자의 풍경

존재(**存在**)하소서.
이전(**以前**)처럼, 이후(**以後**)에도……
감미(**甘味**)로운
당신(**當身**)의 덕(**德**), 잊지 않겠습니다.
거두절미(**去頭截尾**)하고
이렇게
익명(**匿名**)의 제3자(**第三者**)들에게까지
영롱(**玲瓏**)한 당신(**當身**)의 덕(**德**)을 기리겠습니다.

천자문 팔행시, 언어유희의 풍경

이이제이(以夷制夷)하듯 이이제이(以異制異)하라.

오랑캐를 오랑캐로 제어하듯 다름을 다름으로 제어하라.

고진감래(苦進感來)하니 고진감래(苦盡甘來)더라.

고생하며 나아가며 느끼며 돌아오다 보니 고생 끝에 낙이 오더라.

홍익인간(弘益人間)이란 홍익인간(弘翼人間)이라.

널리 인간을 이롭게 한다는 말은 널리 인간에게 날개를 달아준다는 말이다.

부익부빈익빈(富益富貧益貧)이니 부익부빈익빈(富益腐貧益賓)이네.

부자는 더 부자가 되고 가난한 자는 더 심한 가난에 빠지면서, 부자는 더 부패하고 가난한 자는 더 (주인이 아닌) 방문객 처지로 되어버린다.

0321~0328

樂(악) 殊(수) 貴(귀) 賤(천) 禮(예) 別(별) 尊(존) 卑(비)

악

음악, 풍류, 연주하다
cf. **락, 낙** 즐겁다, 즐기다, 편안하다
요 좋아하다

수

다르다, 지나다, 뛰어나다, 죽다, 죽이다

貴

귀

귀하다, 신분이 높다, 비싸다, 소중하다, 중요하다

천

천하다, 값이 싸다, 신분이 낮다

례, 예

예, 예도, 예절, 예식, 예물, 절, 인사

별

나누다, 구분하다, 분별하다, 다르다, 헤어지다, 떠나다, 이별

尊

존

높다, 높이다, 공경하다, 우러러보다, 높은 사람
cf. **준** 술통

비

낮다, 낮추다, 천하다, 천시하다, 비루하다, 쇠하다, 낮은 사람

천자문 팔행시, 여덟 글자의 해석

풍류는 신분이 높으냐 낮으냐에 따라 달랐고, 예도도 높은 사람과 낮은 사람을 구분했다네.

천자문 팔행시, 여덟 글자의 풍경

악곡(樂曲)이
수상(殊常)하니
귀중(貴重)하게 여기기보다
천대(賤待)해야겠소.
예의범절(禮儀凡節)은
별도(別途)로 논(論)할 터이오,
존엄(尊嚴)한지
비천(卑賤)한지에 따라서 말이오.

천자문 팔행시, 언어유희의 풍경

귀천(貴賤) 모두 귀천(歸天)

귀하든 천하든 하늘로 돌아가리.

천대(千代)에 천대(賤待)

아주 오랜 세월 동안 천시되었고 푸대접을 받아왔다.

비하(卑下)된 비하(肥瑕)

업신여겨 낮잡아 본다, 살찐 허물을.

0329~0336

上(상) 和(화) 下(하) 睦(목) 夫(부) 唱(창) 婦(부) 隨(수)

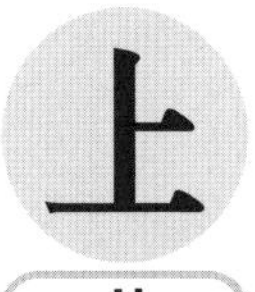 上 상	위, 임금, 높다, 오르다, 올리다	 和 화	화목하다, 온화하다, 화해하다, 순하다
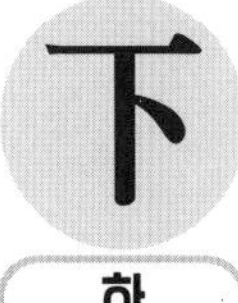 下 하	아래, 아랫사람, 밑, 내리다, 낮추다, 떨어지다, 물리치다	 睦 목	화목하다, 친하다, 공손하다
 夫 부	지아비, 남편, 사내, 장정, 선생	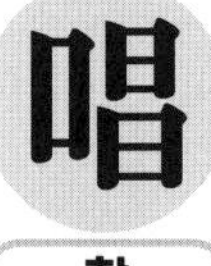 唱 창	부르다, 먼저 부르다, 앞서 이끌다, 노래 부르다, 노래
 婦 부	며느리, 아내, 지어미, 여자	 隨 수	따르다, 좇다, 거느리다, 따라서

천자문 팔행시, 여덟 글자의 해석

위에서 온화하니 아래에서 공손하고, 지아비가 부르니 지어미가 따르네.

천자문 팔행시, 여덟 글자의 풍경

상류(上流)에서
화목(和睦)한 물길이 흐르니
하류(下流)에서 공손(恭遜)히
목을 축일 수 있네.
부부(夫婦)는
창창(蒼蒼)한 앞길을 함께 걷고 있네.
부인(婦人)은 남편(男便)의 말에
수긍(首肯)하고 따르면서.

천자문 팔행시, 언어유희의 풍경

부화뇌동(附和雷同) 아닌 부화뇌동(孵化雷動)

줏대'없이' 남들 따라 이래저래 움직이지 말고, 알에서 깨듯 편견을 뚫고 나와 천둥이 치듯이 (줏대 '있이') 움직여라

하강(下降) 아니하면 하강(何强)이겠느뇨?

높은 곳에서 아래로 향하여 떨어져 내려오는 경험을 겪지 않고 어찌 강해질 수 있겠느냐?

애창곡(愛唱曲)은 애창곡(哀唱曲)

즐겨 부르는 곡은 슬피 부르는 곡이야.

신부(神父) 앞의 신부(新婦)

가톨릭 성직자인 사제 앞에 갓 결혼하려는 여자가 서 있다.

0337~0344

外(외) 受(수) 傳(부) 訓(훈) 入(입) 奉(봉) 母(모) 儀(의)

 外 외	바깥, 밖, 겉, 남, 타향, 외국, 외가, 멀리하다	 受 수	받다, 받아들이다, 당하다, 입다
 傅 부	스승, 돌보다, 돕다, 붙다	 訓 훈	가르치다, 인도하다, 타이르다, 훈계
 入 입	들다, 들이다, 들어오다	 奉 봉	받들다, 바치다, 기르다, 돕다, 녹봉
 母 모	어미, 어머니, 근원, 암컷	 儀 의	거동, 법도, 예식, 본보기, 본받다

천자문 팔행시, 여덟 글자의 해석

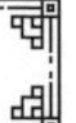

바깥에서 스승의 가르침을 받고, (집안에) 들어와서 어머니의 거동을 받드노라.

천자문 팔행시, 여덟 글자의 풍경

외우고 익히며
수업(修業)한다.
부지런히 사부(師父)의
훈계(訓戒)를 받든다.
입으로 하시는 말씀들, 조부모(祖父母)를
봉양(奉養)하는 행실(行實)들 등등(等等)
모친(母親)의 모든 것을
의식(意識)하며 배운다.

천자문 팔행시, 언어유희의 풍경

내우외환(內友外患)으로 내우외환(內憂外患)

안에서 친구 노릇하던 자가 배신하니 내부를 뒤집어놓고 외부에서 침입당하는 꼴이다. 안팎으로 여러 가지 어려움이 있는 상황이다.

훈민정음(訓民正音)은 훈민정음(訓民淨音)

백성을 가르치는 바른 소리는 백성을 가르치는 맑은 소리.

의식(儀式)을 의식(意識)해.

스포츠 선수들이 정해진 방식대로 치르는 행사–이른바 세리머니(ceremony)–를 인식한다.

0345~0352

諸(제) 姑(고) 伯(백) 叔(숙) 猶(유) 子(자) 比(비) 兒(아)

 諸 제	모두, 모든, 여러, 무릇 cf. **저** 김치, 장아찌	 姑 고	시어미, 시어머니, 고모, 잠시
 伯 백	맏, 맏이, 큰아버지, 백부, 작위, 백작 cf. **패** 우두머리	 叔 숙	아재비, 아저씨, 작은아버지, 숙부, 콩
 猶 유	오히려, 같다, 닮다, 말미암다, 망설이다, 원숭이, 꾀	 子 자	아들, 자식, 열매, 씨, 당신
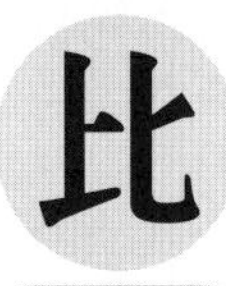 比 비	견주다, 비교하다, 나란하다, 나란히 하다, 비례, 비율	 兒 아	아이, 사내아이, 유아, 아들

천자문 팔행시, 여덟 글자의 해석

모든 고모와 큰아버지, 작은아버지에게 자식과 같은 아이(조카)는 (친)아들과 나란히 할 존재이니라.

천자문 팔행시, 여덟 글자의 풍경

제 친척(親戚)들인
고모(姑母)님,
백부(伯父)님,
숙부(叔父)님 모두 부모(父母)님과
유사(類似)한 분들이시죠.
자식(子息)에
비견(比肩)되는
아이들이 조카들이구요.

천자문 팔행시, 언어유희의 풍경

숙부(叔父)의 숙부(熟否)

작은 아버지의 성숙함과 미숙함을 판단한다.

과유불급(過猶不及)이라며 과유불급(科儒不急)하노라.

정도를 지나침은 미치지 못함과 같다며, 과거를 보는 선비가 서두르지 않고 느긋하게 책을 본다네.

비견(比肩)될 바는 못 되지만 비견(鄙見)을 말씀드리면, ……

어깨를 나란히 할 정도로 (다른 우수한 의견들과) 비슷한 수준은 아니지만 자신의 의견을 겸손하게 말씀드리겠습니다.

0353~0360

孔(공) 懷(회) 兄(형) 弟(제) 同(동) 氣(기) 連(연) 枝(지)

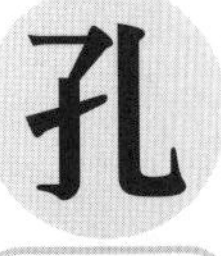	공	구멍, 매우, 심히, 깊다, 크다, 공자(孔子)
	회	품다, 생각하다, 달래다, 품안, 가슴, 마음, 생각
	형	맏, 맏이, 형, 벗의 높임말 cf. **황** 두려워하다
	제	아우, 제자, 차례, 순하다
	동	한가지, 같다, 같이하다, 함께
	기	기운, 기후, 날씨, 숨, 호흡, 품성
	련, 연	잇다, 잇닿다, 이어지다, 연속하다
	지	가지, 나누어지다, 흩어지다, 버티다, 버팀목

천자문 팔행시, 여덟 글자의 해석

형과 아우를 심히 (마음에) 품으니, 한가지 기운으로 잇닿은 가지와 같도다.

천자문 팔행시, 여덟 글자의 풍경

공자(孔子)님, 제가
회의적(懷疑的)이어서 여쭤보는데요.
형제간(兄弟間)에 꼭 사이가 좋아야하는지 의문(疑問)을
제기(提起)합니다.
동감(同感)이 되는 면(面)도 없지 않지만
기운이 하나로
연결(連結)된 관계(關係)라는 점(點)은 결코
지엽적(枝葉的)인 사실(事實)이 아니란다.

천자문 팔행시, 언어유희의 풍경

동공(洞空) 지진(地震)에 동공(瞳孔) 지진(地震)

텅 비어 있던 굴이 심하게 흔들리니 놀란 사람들의 눈알도 심하게 흔들리네.

그 회의(會議), 회의적(懷疑的)일세, 나는.

국회라는 곳이 있어 의원이라는 자들이 모여서 무언가 의논들을 하고 앉았네. 그자들의 논의로 무언가 세상이 나아졌는가? 나아지고 있는가? 나는 매우 의심스럽다네.

연락(連絡)해서 연락(宴樂)해.

친구들에게 알려서 오라고 해 잔치를 벌여 즐기자.

0361~0368

交(교) 友(우) 投(투) 分(분) 切(절) 磨(마) 箴(잠) 規(규)

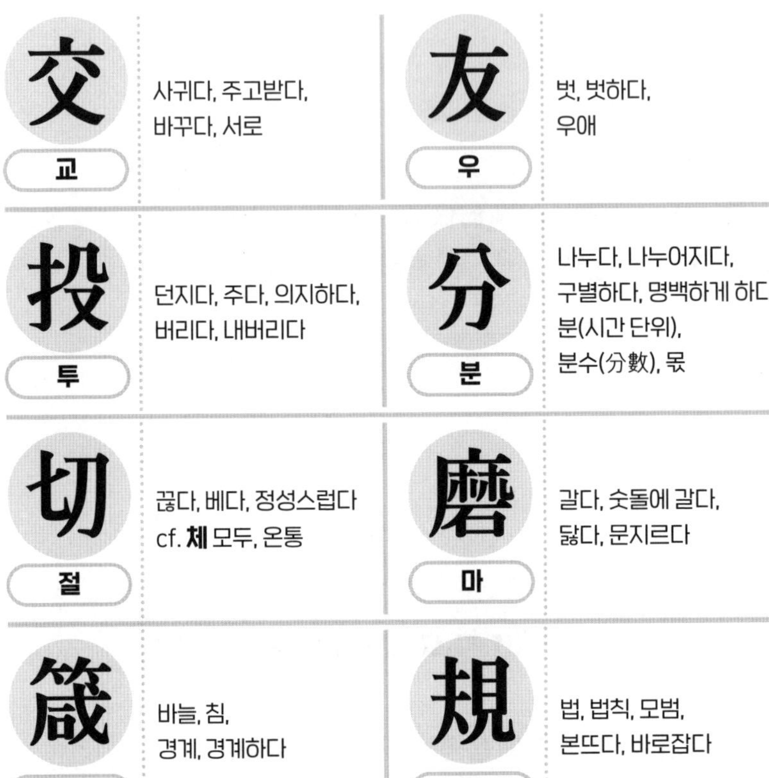

交 교	사귀다, 주고받다, 바꾸다, 서로	友 우	벗, 벗하다, 우애
投 투	던지다, 주다, 의지하다, 버리다, 내버리다	分 분	나누다, 나누어지다, 구별하다, 명백하게 하다, 분(시간 단위), 분수(分數), 몫
切 절	끊다, 베다, 정성스럽다 cf. **체** 모두, 온통	磨 마	갈다, 숫돌에 갈다, 닳다, 문지르다
箴 잠	바늘, 침, 경계, 경계하다	規 규	법, 법칙, 모범, 본뜨다, 바로잡다

천자문 팔행시, 여덟 글자의 해석

벗을 사귐에 몫을 (챙겨) 주고(정을 나누고), 정성스레 (인품을) 갈고(닦으며) 경계하고 바로잡아주노라.

천자문 팔행시, 여덟 글자의 풍경

교제(交際)하며
우정(友情)을 나누며 의기(意氣)를
투합(投合)하며
분위기(雰圍氣) Up(업)!
절차탁마(切磋琢磨)할 땐
마주하며
잠시(暫時)도 흐트러지지 않도록 서로
규율(規律)한다.

천자문 팔행시, 언어유희의 풍경

교섭(教燮)으로 교섭(交涉)하리.

가르침의 불꽃으로 담판을 짓는다.

투표(投票)? 투표(鬪票)!

표를 던져? 표를 다퉈!

이란투석(以卵投石)이니 이란투석(以蘭投石)이라.

달걀로 돌을 친다며, 아주 약한 것으로 강한 것에 대항하려 한다며, 어리석다고들 말을 하지. 그러나 그 달걀은 미미한 힘이지만 향기로운 난초 같은 작은 반항이라고 볼 수도 있지 않을까? 이렇게 작은 힘으로 강한 돌에, 냉정하고 무자비한 현실에 대항한다는 것은, 무모할지언정 용감하다고 칭송받아야 할 행동일지도 몰라.

절차탁마(切磋琢磨)란 절차탁마(切磋濁魔)

옥이나 돌 따위를 갈고 닦아서 빛을 내듯 부지런히 학문과 덕행을 닦다 보면, 우리는 정신을 혼탁하게 하는 마귀를 끊어버리고 갈아버리듯 해야 해.

0369~0376

仁(인) 慈(자) 隱(은) 惻(측) 造(조) 次(차) 弗(불) 離(리)

인

어질다, 어진 이, 어진 마음, 동정, 사람, 씨

자

사랑하다, 사랑, 인자하다, 인자함, 자비롭다, 자비로움, 어머니

은

숨다, 숨기다, 불쌍히 여기다, 가엾어 하다, 희미하다

측

슬퍼하다, 간절한 모양

조

짓다, 만들다, 세우다, 이루다, 조차간(造次間)

차

버금, 둘째, 다음, 차례, 잇다, 머물다, 조차간(造次間)

불

아니다, 말다, 떨어버리다, 달러(dollar)

리

떠나다, 가르다, 헤어지다, 떼어놓다, 흩어지다, 꾀꼬리

천자문 팔행시, 여덟 글자의 해석

어진 마음으로 자비롭고 불쌍히 여겨 슬퍼하니, 조차간(얼마되지 않는 짧은 시간)에도 (이러한 마음을) 떠나지 말지어다.

천자문 팔행시, 여덟 글자의 풍경

인간(人間)은 인간(人間)에게 마땅히
자애(慈愛)로와야 하고
은근(慇懃)하게, 분명(分明)하게
측은지심(惻隱之心)도 지녀야 한다.
조금이라도
차기(次期)에
불목(不睦)하며
리(이)간(離間)질당하지 말길 바란다.

천자문 팔행시, 언어유희의 풍경

은폐(隱蔽)란 은폐(隱弊)

뭔가를 덮어 감추거나 가리어 숨긴다면, 그렇게 가리는 건 그들이 저지른 일이나 행한 행동에서 비롯된 폐단이겠지.

은인자중(隱忍自重), 은인자중(恩人自重)

마음속에 감추어 참고 견디면서 몸가짐을 신중하게 행동하는 모양이셨다. 사람들에게 은혜를 베푼 그분은 늘 그렇게 말이나 행동, 몸가짐 따위를 신중하게 하셨다.

구조적(構造的) 구조(救助)

자연적 · 사회적 재난이 발생했을 때 개인적 구조로는 한계가 있다. 체계적 · 조직적 구조가 설계되어야 한다.

0377~0384

節(절) 義(의) 廉(염) 退(퇴) 顚(전) 沛(패) 匪(비) 虧(휴)

節 절

마디, 관절, 절개(節介), 절기

義 의

옳다, 뜻, 정의(正義), 의리(義理), 의롭다

廉 렴, 염

청렴(淸廉)하다, 결백하다, 검소하다, 값싸다, 살피다, 모나다, 청렴, 염치

退 퇴

물러나다, 물리치다, 후퇴, 은퇴, 겸양(謙讓)

顚 전

엎드러지다, 넘어지다, 거꾸로 하다, 뒤집히다, 이마

沛 패

늪, 비가 쏟아지다, 자빠지다, 넘어지다

匪 비

비적(匪賊), 대나무 상자, 아니다
cf. **분** 나누다

虧 휴

이지러지다, 줄다, 그치다

천자문 팔행시, 여덟 글자의 해석

절개와 의리, 청렴과 겸양은 엎드러지고 자빠져도 이지러지지 아니하느니.

천자문 팔행시, 여덟 글자의 풍경

절의(**節義**)를 지키려는
의지(**意志**)는 꺾이지 않는다.
염치(**廉恥**) 있게
퇴로(**退路**)로 걸을 줄 안다.
전복(**顚覆**)되고
패배(**敗北**)하고
비참(**悲慘**)해도 위의 정신(**精神**)은
휴식(**休息**)을 모른다.

천자문 팔행시, 언어유희의 풍경

독서백편의자현(讀書百遍義自見)이며 독서백편의자현(讀徐百篇疑字現)이라.

글을 자꾸 되풀이하여 읽으면, 그 뜻이 스스로 나타난다. 수없이 글을 읽는 가운데 어려웠던 내용을 저절로 깨우쳐 알게 된다는 뜻이야. 그런데 책을 천천히 수없이 읽다 보면 의심스러운 글자도 나타나거든. 이 말이 과연 맞는 말일까? 비판적 안목이 고개를 들기 시작한다는 소리야.

주객전도(主客顚倒)로 주객(酒客) 전도(傳道)

주인이 손님이 되고 손님이 주인이 되어, 위치가 서로 뒤바뀐다. 사물의 경중 · 선후 · 완급 따위가 서로 뒤바뀜을 이르는 말이다. 예시로는, 술을 먹고 정신이 알딸딸한 사람이 도리랍시고 세상에 제정신인 사람들에게 가르침을 전파하는 경우가 있을 수 있다. 정신이 말짱한 사람이 술주정뱅이에게 정신 차리라!고 가르치는 게 이치에 타당하거늘 …….

0385~0392

性(성) 靜(정) 情(정) 逸(일)
心(심) 動(동) 神(신) 疲(피)

 성	성품, 천성, 성질, 본질, 마음, 생활	 정	고요하다, 조용하다, 맑다, 깨끗하다, 온화하다
 정	뜻, 느끼는 마음, 감정, 인정(人情), 심기	 일	편안하다, 달아나다, 숨다, 없어지다, 뛰어나다
 심	마음, 생각, 가슴, 가운데, 중심	 동	움직이다, 놀라다, 변하다
 신	귀신, 신, 신령, 정신, 혼(魂)	 피	고달프다, 피곤하다, 지치다

천자문 팔행시, 여덟 글자의 해석

천성이 고요하니 감정도 편안하고, 마음이 움직이니 정신도 고달프도다.

천자문 팔행시, 여덟 글자의 풍경

성품(性品)이
정숙(靜肅)하여
정서(情緖)의
일탈(逸脫)을 막는다.
심경(心境)이
동요(動搖)하면
신경(神經)은
피로(疲勞)하다.

천자문 팔행시, 언어유희의 풍경

정적(靜寂) 속 정적(政敵)

고요하여 괴괴한 가운데 정치에서 대립된 처지에 있는 사람과 마주한다.

심리(心理)도 심리(審理)

마음의 작용과 의식의 상태도 자세히 조사하여 처리한다.

요지부동(要旨浮動) 아닌 요지부동(搖之不動)

핵심이 되는 중요한 내용이 (고정되어서) 흔들리며 움직이지 않는다. 그렇게 확고한 입장이라 흔들어도 꼼짝하지 아니한다.

신화(神化)의 신화(神話)

신기한 변화에 관한 신비스러운 이야기.

0393~0400

守(수) 眞(진) 志(지) 滿(만)
逐(축) 物(물) 意(의) 移(이)

수

지키다, 임무

진

참, 진짜, 본질, 참되다

지

뜻, 의향, 본심, 뜻하다, 기록하다, 기억하다

만

차다, 가득하다, 넉넉하다, 교만하다

축

쫓다, 뒤쫓다, 물리치다, 다투다

물

물건, 재물, 사물, 만물

의

뜻, 생각, 의미, 의의

이

옮기다, 변하다, 보내다

천자문 팔행시, 여덟 글자의 해석

참(된 내면)을 지키니 뜻이 차고(충만하고), (외부) 물건을 뒤쫓다 뜻이 옮겨가네(흐려지네).

천자문 팔행시, 여덟 글자의 풍경

수비(**守備**)하라,
진정(**眞正**) 바르고 참된 정신(**精神**)을.
지켜라,
만개(**滿開**)한 의지(**意志**)를.
축출(**逐出**)되지 못한
물질(**物質**)에 대한 집착(**執着**)으로
의지(**意志**)가
이전(**移轉**)되지 못하도록.

천자문 팔행시, 언어유희의 풍경

보수(保守)의 보수(報酬)냐, 보수(保守)의 보수(補修)냐?

새로운 것이나 변화를 수용하기보다는 전통적인 것을 유지하며 대가를 받을 것이냐, 아니면 적극적으로 변화를 수용하여 낡거나 부서진 것을 손보아 고칠 것이냐? 옛것을 지키면서 기존에 얻던 것을 얻느냐, 아니면 옛것을 고쳐서 기존과는 다른, 새로운 것을 얻느냐의 문제로다.

수주대토(守株待兎)니 수주대토(受注大吐)라.

한 농부가 우연히 나무 그루터기에 토끼가 부딪쳐 죽은 것을 잡은 후, 또 그와 같이 토끼를 잡을까 하여 일도 하지 않고 그루터기만 지키고 있었다고 한다. 한 가지 일에만 얽매여 발전을 모르는 어리석은 사람을 비유하는 말이다. 예시로는, 물건을 생산하는 업자가 제품의 주문을 받을 때 (신빙성이 의심되는) 하나의 특정 업체에만 지나치게 의존하다가 (그 업체와 문제가 발생하여) 크게 토 나올 정도로 낭패를 겪는 상황을 들 수 있다.

구축(構築)은 구축(驅逐)

체제나 체계 따위의 기초를 닦아 세울 때 그 토대에 어긋난 사상이나 세력 따위를 몰아서 쫓아내는 과정이 병행된다.

각축(各逐)이라 각축(角逐)하네.

각자 뒤쫓는 바에 따라 서로 이기려고 다투며 덤벼들고 있네.

0401~0408

堅(견) 持(지) 雅(아) 操(조) 好(호) 爵(작) 自(자) 縻(미)

견

굳다, 굳세다, 강하다, 단단하다, 굳게

지

가지다, 지니다, 잡다, 보존하다, 지키다

아

맑다, 바르다, 우아하다, 아름답다, 좋다

조

잡다, 부리다, 다루다, 지조(志操), 절개, 곡조

호

좋다, 좋아하다, 아름답다, 교분(交分)

작

벼슬, 작위, 참새 (참새 모양을 한) 잔, 술잔

자

스스로, 저절로, 몸소, 자기, ~(으로)부터

미

얽어매다, 묶다, 고삐, 밧줄

천자문 팔행시, 여덟 글자의 해석

맑은 지조를 굳게 지니니, 좋은 벼슬이 저절로 얽어매네(따라오네).

천자문 팔행시, 여덟 글자의 풍경

견실(堅實)하게 지조(志操)를
지니고 있어
아무리
조종(操縱)하려 해도 소용(所用)없어.
호감(好感)을 사
작위(爵位)가
자연(自然)스럽게
미래(未來)에 딸려 와.

천자문 팔행시, 언어유희의 풍경

아담(雅淡)한 아담 Adam

아담 Adam은 적당히 자그마한 사람이야.

각자(各自)가 각자(覺者)다.

각각의 사람이 따로따로 나름대로 깨달은 자들이다.

자타(自他) 공인 자타(自妥)

자기도 그렇고 남들도 그렇고, 모두 내가 타당하는 걸 인정해.

자격(資格)에 지심(至心)하니 자격지심(自激之心)이더라.

신분이나 지위에 걸맞는 능력이나 조건에 더없이 성실히 마음을 쓰다보니 스스로 한 일에 미흡한 마음이 생기는 거야.

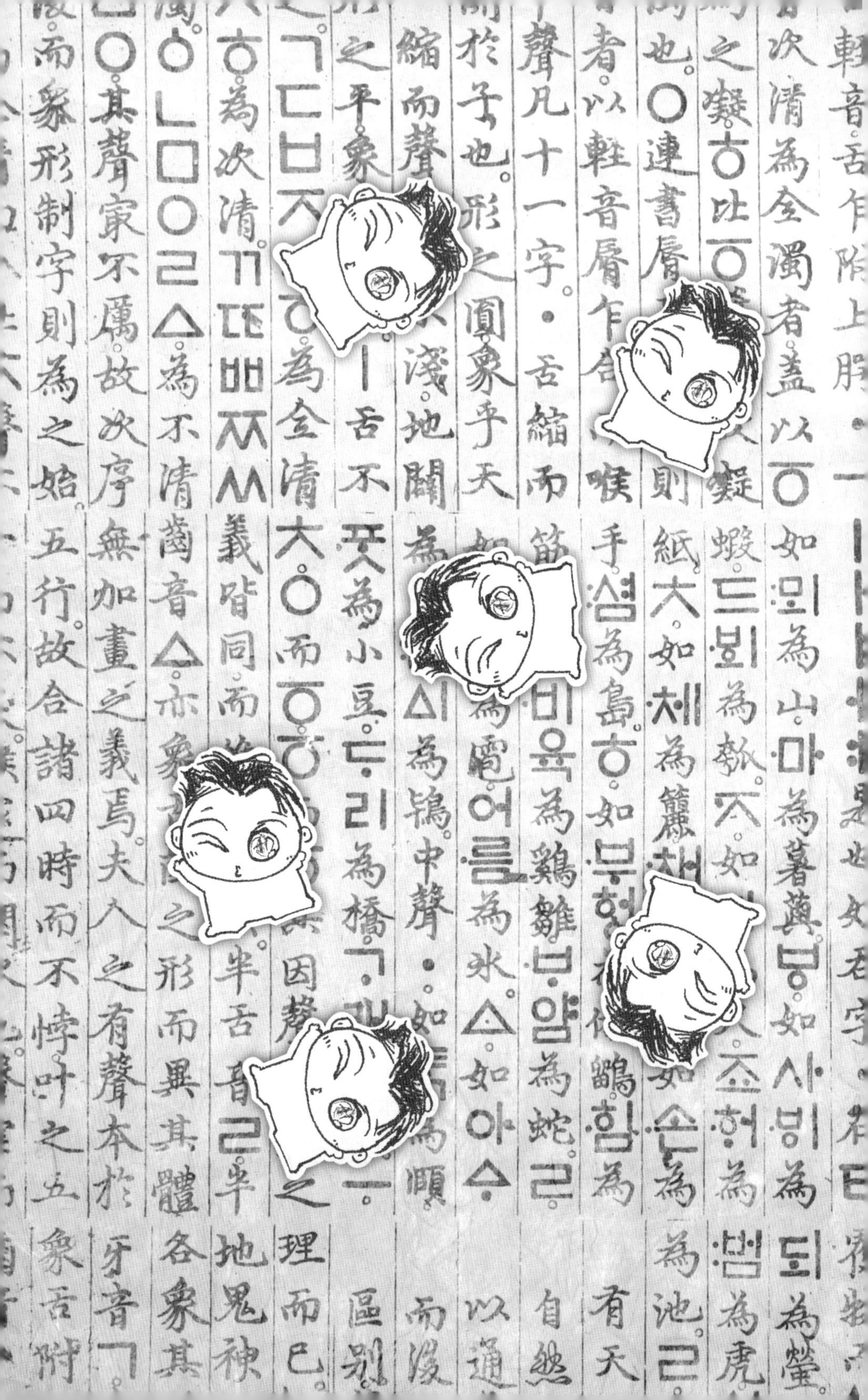

輕音舌乍附上腭
次淸爲全濁者蓋以ㆆ
聲之凝古比ㆆ
也。ㅇ連書脣
者以輕音脣乍合
聲凡十一字。•舌縮而
於子也。形之圓象乎天
縮而聲淺地闢
之平象
ㄱㄷㅂㅈ
ㅎ爲次淸ㄲㄸㅃㅉㅆ
濁。ㆁㄴㅁㅇㄹㅿ。爲不淸
ㅇ。其聲最不厲。故次序
而象形制字則爲之始

如뫼爲山마爲薯藇
蝦드뵈爲瓠
紙大。如체爲籭
手셤爲島ㅎ如부헝
비육爲鷄雛ᄇᆞ얌爲蛇
爲龜어름爲氷ㅿ如아
爲鵜中聲•如
ㅈ爲小豆드리爲橋ㄱ
大。ㅇ而ㅎ
義皆同而
ㅿ爲不淸不濁音ㅿ亦象
無加畫之義焉夫人之有聲本於
五行故合諸四時而不悖叶之五

理而已
地鬼神
各象其
牙音ㄱ
象舌附

Part. 4

제국의 경영

0409~0672

0409~0416

都(도) 邑(읍) 華(화) 夏(하)
東(동) 西(서) 二(이) 京(경)

도

도읍, 서울, 있다,
아름답다, 모두

읍

고을, 마을, 도읍,
읍(행정 구역의 단위),
근심하다

華

화

빛나다, 화려하다,
아름답다,
꽃, 빛,
중화(中華), 중국

하

여름, 중국,
크다

동

동녘, 동쪽,
동쪽으로 가다

서

서녘, 서쪽, 서양,
서쪽으로 가다, 깃들다

二

이

두, 둘, 둘째, 두 번, 거듭

경

서울, 수도(首都), 언덕,
크고 높다

천자문 팔행시, 여덟 글자의 해석

도읍으로 화하(중국)는 동서로 두 개의 서울(동경과 서경)을 두었다네.

천자문 팔행시, 여덟 글자의 풍경

도읍(**都邑**)은
읍내(**邑內**) 수준(**水準**)이면 안 되지.
화려(**華麗**)하고 성대(**盛大**)한 수준(**水準**)이어야
하지.
동경(**東京**)과
서경(**西京**)에
이렇게 수도(**首都**)를 두어
경기(**景氣**)가 호황(**好況**)을 이루었지.

천자문 팔행시, 언어유희의 풍경

수도(首都)에서 수도(修道)하네.

한 나라의 중앙 정부가 있는 도시에서 도를 닦고 있네.

읍내(邑內)가 읎네(=없네).

아따, 시골은 동네에 읍이 있는디, 여기 서울은 읍이 없구만.

하지(夏至)에 뭐 하지?

이십사절기의 하나로 망종과 소서 사이에 들며, 양력 6월 21일경으로, 북반구에서는 낮이 가장 길고 밤이 가장 짧은 날에 뭘 할까?

이율배반(二律背反)하다 이율배반(利率背反)하네.

서로 모순되는 두 명제로 고민하던 차에, 원금에 대한 이자의 비율이 믿음을 저버려 괴로워한다.

경향(京鄕)의 경향(傾向)

서울 지역과 시골 지역을 아울러 현상이나 사상, 행동 따위가 어떤 방향으로 기울어져 있음을 발견한다.

0417~0424

背(배) 邙(망) 面(면) 洛(락) 浮(부) 渭(위) 據(거) 涇(경)

 背 배	등, 뒤, 등지다, 배반하다	 邙 망	북망산(北邙山)
面 면	낯, 얼굴, 앞, 겉, 향하다, 대면하다, 면(행정 구역)	 洛 락	낙수(洛水)
 浮 부	뜨다, 띄우다, 떠다니다, 덧없다	 渭  위	위수(渭水)
據 거	의거하다, 의지하다, 근거하다, 누르다, 의지할 곳, 근거, 근원, 증거	 涇 경	경수(涇水)

천자문 팔행시, 여덟 글자의 해석

[동경(낙양)은] 북망산을 등지고 낙수를 향하며, [서경(장안)은] 위수를 띄우고 (위로 하고) 경수에 의거한다.

천자문 팔행시, 여덟 글자의 풍경

배경(背景)으로 북망산(北邙山)이
망막(網膜)에 새겨지고
면전(面前)에는
락(낙)수(洛水)가 흐르는 동경(東京).
부각(浮刻)되는 지형(地形)이
위수(渭水)도 있고
거점(據點)에서 바라보면
경수(涇水)도 있는 서경(西京).

천자문 팔행시, 언어유희의 풍경

안광지배철(眼光紙背徹)이니 안광지배철(眼廣支配哲)이라.

눈빛이 종이의 뒤까지 꿰뚫어볼 정도로, 독서의 이해력이 날카롭고 깊은 사람이, 그 총명한 눈빛의 범위가 넓고, 다른 사람들의 생각이나 행동에 적극적으로 영향을 미치는, 밝고 슬기로운 사람이더라.

부상(負傷)을 딛고 부상(浮上)

어떤 사람이 몸에 상처를 입었음에도 불구하고 역경을 딛고 일어나 훨씬 좋은 위치로 올라서면서 사람들로부터 관심을 받는 대상이 된다.

근거리(近距離)의 근거(根據)

주장하는 까닭을 멀리서 추상적인 데서 찾지 말고, 가까이서 구체적으로 찾아라.

0425~0432

宮(궁) 殿(전) 盤(반) 鬱(울) 樓(루) 觀(관) 飛(비) 驚(경)

 宮 궁	집, 궁궐, 궁전, 종묘	 殿 전	전각(殿閣), 대궐, 절
盤 반	소반, 대야, 바탕, 굽다, 구불구불하다, 서리다	 鬱 울	답답하다, 우거지다, 울창하다, 빽빽하다, 촘촘하다
樓 루	다락, 망루(望樓), 겹치다	 觀 관	보다, 보이다, 누각(樓閣), 망루
飛 비	날다, 날리다, 높다, 높이 솟다, 빠르다	 驚 경	놀라다, 놀라게 하다, 두려워하다, 경기(驚氣)

천자문 팔행시, 여덟 글자의 해석

궁궐과 전각이 촘촘히 서리어 있고, 망루는 날듯이 솟아 놀라게 하도다.

천자문 팔행시, 여덟 글자의 풍경

궁궐(宮闕)과
전각(殿閣)이
반찬(飯饌)들로 가득 채운 소반(小盤)처럼
울창(鬱蒼)하도다.
루(누)각(樓閣)이
관찰(觀察)된다,
비약(飛躍)하듯
경이(驚異)롭게.

천자문 팔행시, 언어유희의 풍경

사상(史上) 누각(樓閣) 중 사상누각(砂上樓閣)

역사에 나타나 있는 바, 사방이 탁 트인 다락집 중에 가장 유명한 건 역시 모래 위에 세운 누각이겠지. 기초가 튼튼하지 못하여 오래 견디지 못했던, 역사서에 숱하게 나오는 뻘짓들.

오비이락(烏飛梨落)이나 오비이락(誤比以樂)이라.

까마귀 날자 배 떨어진다면, (당한 사람 입장에서는) 아무 관계도 없이 한 일이 공교롭게도 때가 같아 억울하게 의심을 받거나 난처한 위치에 서게 될 수도 있겠지만, (멀리서 보는 사람 입장에서는) 그릇된 비교에서 비롯되는 즐거움 또한 없진 않을 거야.

0433~0440

圖(도) 寫(사) 禽(금) 獸(수) 畵(화) 綵(채) 仙(선) 靈(령)

 도	그림, 규칙, 그리다, 꾀하다, 도모하다	 사	베끼다, 본뜨다, 그리다, 쏟다
 금	날짐승, 새, 짐승, 포로, 사로잡다	 수	길짐승, 짐승, 가축, 포(脯)
 화	그림, 그리다, cf. **획** 긋다, 나누다	 채	비단, 채색, 무늬
 선	신선(神仙), 선교(仙敎)	 령	신령(神靈), 영혼, 혼백

천자문 팔행시, 여덟 글자의 해석

(궁전 건물에) 날짐승과 길짐승을 베껴 그렸고, 신선과 신령도 채색하여 그려 놓았도다.

천자문 팔행시, 여덟 글자의 풍경

도화(圖畫)들이
사진(寫眞)처럼 펼쳐진다.
금수(禽獸)들을
수(數)없이 본뜬 모양이다.
화가(畵家)가
채색(彩色)해놓은 것은
선경(仙境)에서
령(영)감(靈感)을 받은 모양(模樣)이다.

천자문 팔행시, 언어유희의 풍경

기도(企圖)하며 기도(祈禱)하네.

어떤 일을 이루려고 꾀하면서 (잘 되게 해달라고) 절대자에게 빎.

금수강산(錦繡江山)의 금수(禽獸)

비단에 수를 놓은 것처럼 아름다운 우리나라의 산천에서, 행실이 아주 더럽고 나쁜 짐승들이 날뛰고 있네.

0441~0448

丙(병) 舍(사) 傍(방) 啓(계) 甲(갑) 帳(장) 對(대) 楹(영)

 丙 병	남녘, 셋째 천간(天干), 불(火)	 舍 사	집, 가옥, 거처, 방, 관청, 곳집, 쉬다 cf. **석** 풀다
 傍 방	곁, 옆, 가깝다, 기대다, 시중들다	 啓 계	열다, 열리다, 일깨우다, 여쭈다, 아뢰다
 甲 갑	갑옷, 첫째 천간(天干), 껍질, 거북의 등딱지	 帳 장	장막, 휘장(揮帳), 천막, 장부
 對 대	대하다, 마주하다, 대답하다, 상대	 楹 영	기둥

천자문 팔행시, 여덟 글자의 해석

병사(신하들이 거처하던 곳)가 (궁궐) 곁에 열려 있고, 갑장(아름다운 궁중 휘장)이 기둥을 마주한다네.

천자문 팔행시, 여덟 글자의 풍경

병렬(竝列)되어 위치(位置)한
사택(舍宅)은
방금(方今) 지나왔는데 신하(臣下)들의 거처(居處)로
계획(計劃)된 것들이다.
갑자기
장막(帳幕)들이 기둥 사이로
대비(對比)되어 보이는데
영롱(玲瓏)하니 아름답도다.

천자문 팔행시, 언어유희의 풍경

수수방관(袖手傍觀), 수수방관(授受傍觀)

팔짱을 끼고 보고만 있네. 그렇게 (뇌물을) 주고받고 있는데 곁에서 구경만 하고들 있네.

철갑(鐵甲)을 두른 철저(徹底)한 갑(甲)

쇠붙이를 겉에 붙여 지은 갑옷을 입은 듯이, 속속들이, 빈틈없이, 갑(甲)질하는 인간들, 철갑(鐵甲)에 막힌 듯 관계가 가로막힌 인간들, 강철(鋼鐵) 같은 인간관계인 인간들.

대화(大火) 같은 대화(對話)

큰 재해를 일으킬 만큼 크게 불이 난 것 같아. 그 사람들과 마주 대하여 주고받는 이야기를 듣다 보면 말이야.

0449~0456

肆(사) 筵(연) 設(설) 席(석) 鼓(고) 瑟(슬) 吹(취) 笙(생)

肆 사 — 방자하다, 늘어놓다, 펴다, 가게

筵 연 — 대자리, 깔개, 좌석, 장소

設 설 — 베풀다, 늘어놓다, 세우다, 설치하다, 진열하다, 설령, 가령

席 석 — 자리, 앉을 자리, 자리를 깔다, 직위, 돗자리

鼓 고 — 북, 북을 치다, (악기를) 타다

瑟 슬 — 큰 거문고, 비파, 엄숙하다

吹 취 — 불다, 부추기다, 관악기

笙 생 — 생황(笙簧)

천자문 팔행시, 여덟 글자의 해석

대자리를 펴 (그 위에) 앉을 자리를 늘어놓고, 비파(현악기의 일종)를 타고 생황(관악기의 일종)을 부노라.

천자문 팔행시, 여덟 글자의 풍경

사람들이
연(連)이어 와
설왕설래(說往說來) 떠들며
석굴암(石窟庵) 앞에서
고무(鼓舞)되어
슬슬 악기(樂器)를 꺼내
취(醉)할 듯 비파(琵琶)를 뜯고
생황(笙簧)을 분다.

천자문 팔행시, 언어유희의 풍경

고침사지(高枕肆志), 새로고침 하고 사지(四肢) 쭉!

높은 베개를 베고 마음대로 한다. 하는 일 없이 편안하고 한가하게 지낸다. 늘 마음을 새롭게 하며 두 팔과 두 다리를 쭉 뻗고 잔다!

고수(高手)인 고수(鼓手)

국악계에서 능력이 매우 뛰어나신 분이야. 북이나 장구를 특히 잘 치셔.

취적(吹笛)? 취적(吹寂)!

넌 피리를 불어? 난 적막함을 불어!

0457~0464

陞(승) 階(계) 納(납) 陛(폐)
弁(변) 轉(전) 疑(의) 星(성)

 陞	승	오르다, 올리다
 階	계	섬돌, 돌층계, 층계, 품계
納	납	들이다, 거두어들이다, 끌어들이다, 받아들이다, 받다, 바치다
 陛	폐	대궐의 섬돌, 궁전에 오르는 계단, 품급
 弁	변	고깔, 관(冠)
 轉	전	구르다, 돌다, 회전하다, 옮기다
 疑	의	의심하다, 의심스럽다, 두려워하다, 견주다, 비슷하다
 星	성	별, 세월

천자문 팔행시, 여덟 글자의 해석

오르는 층계로 대궐의 섬돌로 들이니, (이동하는 신하들의) 관(에 달린 구슬)이 구르며 (흔들리는 모습이) 별인가 의심스럽구나.

천자문 팔행시, 여덟 글자의 풍경

승상(丞相)께서
계단(階段)을 올라
납시셨다는
폐하(陛下)를 뵈러 가네.
변화무쌍(變化無雙)하게 빛이
전환(轉換)되는 관(冠)의 구슬들은
의심(疑心)스럽기까지 하네.
성운(星雲)의 별들이 아닐까 하고.

천자문 팔행시, 언어유희의 풍경

계단(契壇)으로의 계단(階段)

차례차례, 순서대로 계약이 이루어지는 단으로 올라가는 층층대.

계층(階層)은 계층(界層)

사회적 지위가 비슷한 사람들이 층을 이루고, 그 층엔 그 사람들 각각의 세계가 있다.

의심(義心)으로 의심(疑心)

의로운 마음으로 (확실히는 알 순 없지만) 그들을 믿지 못하고 있어.

0465~0472

右(우) 通(통) 廣(광) 內(내)
左(좌) 達(달) 承(승) 明(명)

 우	오른쪽, 숭상하다, 돕다	 통	통하다, 꿰뚫다, 오가다, 두루 미치다
 광	넓다, 넓히다, 넓이, 너비	 내	안, 속, 아내, 대궐 cf. **납** 들이다
 좌	왼, 왼쪽, 아래, 하위, 돕다	 달	통달하다, 다다르다, 통하다, 이르다, 깨닫다
 승	잇다, 받들다, 계승하다, 돕다	 명	밝다, 밝히다, 분명하다, 깨끗하다

천자문 팔행시, 여덟 글자의 해석

오른쪽으로 광내전(궁중 도서관)과 통하고, 왼쪽으로 승명려(궁중 교열부)에 다다르네.

천자문 팔행시, 여덟 글자의 풍경

우측(右側)
통로(通路)로 가셔서
광내전(廣內殿)까지
내리 걸으시면 됩니다.
좌측(左側)으로
달려가 도달(到達)할 곳은
승명려(承明廬)임이
명백(明白)합니다.

천자문 팔행시, 언어유희의 풍경

광장(廣場)의 광장(狂長)

많은 사람이 모여 있는 넓은 빈터에 미친 어른이 있다.

내막(內膜)을 꿰뚫듯 내막(內幕)을 밝힌다.

파악하기 쉽지 않은 몸 안에 있는 막을 파악하듯이, 겉으로 드러나지 아니한 사태의 속 내용을 속속들이 파헤친다.

투명(透明)하니 투명(投明)하더라.

속을 다 비추니 (어두운 면까지 고스란히 드러나면서) 밝음을 던져버렸네.

0473~0480

旣(기) 集(집) 墳(분) 典(전)
亦(역) 聚(취) 群(군) 英(영)

旣	기	이미, 벌써, 본디, 원래, 이윽고, 다하다, 끝나다
集	집	모으다, 모이다, 머무르다, 이르다, 이루다
墳	분	무덤, 옛 책, 크다
典	전	법, 책, 의식, 예, 맡다, 저당 잡히다
亦	역	또, 또한, 역시, 어찌
聚	취	모으다, 모이다, 거두어들이다, 무리, 마을
群	군	무리, 떼, 벗, 동료, 떼 지어 모이다, 여럿, 많은
英	영	꽃부리, 아름답다, 뛰어나다, 뛰어난 사람

천자문 팔행시, 여덟 글자의 해석

이미 분전(고전 서적들)을 모았고, 또한 뛰어난 사람들도 여럿 모았도다.

천자문 팔행시, 여덟 글자의 풍경

기존(**既存**)에
집대성(**集大成**)한 책(**冊**)들인
분전(**墳典**)을
전거(**典據**)로 삼는다.
역시(**亦是**) 의견(**意見**)을
취합(**聚合**)하기 위해서는
군중(**群衆**)들 중(**中**)에서
영재(**英才**)를 모으는 게 최고(**最高**)다.

천자문 팔행시, 언어유희의 풍경

고분(古墳) 앞에서 고분고분

고대에 만들어진 무덤 앞에서 사람들이 말이나 행동을 공손하고 부드럽게 하고 있다.

전적(全的)으로 전적(典籍)

하나도 남김없이 모두 다 서적이다.

전적(戰績)이 화려한 전적(前績)

상대와 싸워서 얻은 실적에 관하여 이전에 이루어 놓은 업적이 화려하다.

영웅(英雄)은 영웅(永雄)

지혜와 재능이 뛰어나고 용맹하여 보통 사람이 하기 어려운 일을 해내는 사람은 길이길이 기억될 뛰어난 사람이다.

0481~0488

杜(두) 稾(고) 鍾(종) 隸(례) 漆(칠) 書(서) 壁(벽) 經(경)

 杜	두	막다, 닫다, 팥배나무, 두조(杜操)라는 사람
 稾	고	볏짚, 초서(草書)라는 글씨체
鍾	종	쇠북, 술잔, 술병, 종요(鍾繇)라는 사람
 隸	례	종, 노예, 좇다, 예서(隸書)라는 글씨체
漆	칠	옻, 옻칠하다, 검은 칠, 검다
 書	서	글, 글씨, 글자, 문장, 책, 쓰다
壁	벽	벽, 바람벽, 담
 經	경	지나다, 다스리다, 목매다, 날, 날실, 도리, 법, 경서(經書)

천자문 팔행시, 여덟 글자의 해석

(글씨로는) 두조의 초서체와 종요의 예서체가 있었고, (글로는) 옻칠해서 (대나무에 쓴) 글과 (공자의 집) 벽에서 나온 경서가 있었다네.

천자문 팔행시, 여덟 글자의 풍경

두고 두고 보고 쓸까,
고래(古來)로 전(傳)해오는 초서(草書)와
종일(終日) 요즈음 심취(心醉)한
례(예)서(隷書)를?
칠서로 쓰인 책은
서점(書店)에서 구(求)해 볼까?
벽지(壁紙)를 뚫고 나온
경서(經書)도 봐줘 볼까?

천자문 팔행시, 언어유희의 풍경

경종(耕種)에 힘쓰도록 경종(警鐘)을 울려라!

논밭을 갈고 씨를 뿌리는 일, 즉 농업을 정책적으로 장려하도록 위정자들에게 주의를 주거라.

단서(但書)를 단서(端緖)로

문서의 예외 조건에서 문제 해결의 실마리를 찾아라.

경위(經緯)를 밝히고 경위(涇渭)를 따져라.

일이 진행되어 온 과정을 살펴서 사리의 옳고 그름을 가리고, 뭐가 이러하고 뭐가 저러한지를 분별한다.

0489~0496

府(부) 羅(라) 將(장) 相(상) 路(노) 挾(협) 槐(괴) 卿(경)

府
부
곳집, 고을, 관아, 관청

라
벌이다, 벌이어 놓다, 늘어서다, 그물질하다, 그물, 비단

장
장수(將帥), 장차, 거느리다, 나아가다

상
서로, 바탕, 모양, 재상(宰相), 정승(政丞), 보다, 돕다

로, 노
길, 방도, 수레, 크다

협
끼다, 끼우다, 으르다

괴
회화나무, 삼공(三公)의 자리, 삼공(벼슬 이름)

경
(장관 이상의 고위직) 벼슬, 구경(九卿), 호칭

천자문 팔행시, 여덟 글자의 해석

관아에는 장수와 정승들이 늘어서 있고, 길에는 삼공과 구경(벼슬아치들)이 끼어 있네.

천자문 팔행시, 여덟 글자의 풍경

부처(部處)에
라(나)열(羅列)한
장군(將軍)과 재상(宰相)의 기풍(氣風)이
상당(相當)하구나.
노선(路線)이
협소(狹小)할 정도(程度)로 고위(高位) 관료(官僚)들이
괴여 있는 물처럼 자리잡은
경치(景致)로구나.

천자문 팔행시, 언어유희의 풍경

정부(政府)의 정부(正否)

통치 기구인 입법부, 사법부, 행정부의 실태를 파악해서 바른 행태와 그른 행태를 분간한다.

상호부조(相互扶助)란 상호부조(相好不調)야!

사람들이 서로 돕고 살아. 각각의 개성이 달라서 서로 '어울리지 않지만' (어울리지 않기에 더더욱) 서로를 좋아하고 서로를 돕고 살아.

미로(迷路)는 미로(美路)

한번 들어가면 빠져나오기 어려운 길, 답이 안 나오는 길, 갈팡질팡하게 만드는 길, …… 아름다운 길.

0497~0504

戶(호) 封(봉) 八(팔) 縣(현)
家(가) 給(급) 千(천) 兵(병)

 호	지게, 지게문, 문, 집, 사람, 주민	 봉	봉하다, 다스릴 영지를 주다, 봉투를 싸다, 흙을 쌓아올리다, 크다
 팔	여덟, 여덟째, 여덟 번, 나누다	 현	고을, 달다, 매달다, 걸다
 가	집, 가족, 전문가	 급	주다, 대다, 더하다, 넉넉하다
 천	일천(1000), 천 번, 많다	 병	병사, 군사, 무기, 전쟁

천자문 팔행시, 여덟 글자의 해석

(공신인) 사람에게 여덟 고을을 봉하고, 그 집에는 천 명의 군사를 주었다네.

천자문 팔행시, 여덟 글자의 풍경

호구(戶口)를
봉토(封土)와 더불어 하사(下賜)하여
팔현(八縣)의
현령(縣令)들이 공신(功臣)들에게 굽신거렸다.
가문(家門)의 영광(榮光)으로
급여(給與)로 주어진 게
천금(千金) 같은
병사(兵士)들이었다.

천자문 팔행시, 언어유희의 풍경

경기장에 울려퍼지는 국가(國歌), 마음속에 자리잡히는 국가(國家)

국제 스포츠 대회에서 나라를 대표하고 상징하는 노래를 선수들이 제창하면 고국을 생각하는 마음이 절로 가슴속에 깊이 새겨지게 된다.

불원천리(不遠千里) vs. 불원천리(不願千里)

넌 천 리 길도 멀다고 여기지 않니? 난 천 리 길은 (너무 멀어) 원하지 않음!

0505~0512

高(고) 冠(관) 陪(배) 輦(련) 驅(구) 轂(곡) 振(진) 纓(영)

高 (고): 높다, 고상하다, 뛰어나다, 높은 곳, 위

冠 (관): 갓, 관례(冠禮), 성년, 갓을 쓰다

陪 (배): 모시다, 따르다, 거들다

輦 (련): 가마, 손수레, 임금이 타는 수레, 나르다, 싣다

驅 (구): 몰다, 몰아내다, 쫓다, 빨리 달리다

轂 (곡): 바퀴통, 수레, 밀다

振 (진): 떨치다, 떨다, 움직이다

纓 (영): 갓끈, 가슴걸이

천자문 팔행시, 여덟 글자의 해석

높은 갓을 쓰고 임금이 타는 수레를 모시니, 수레를 몰며 갓끈을 떨치는도다.

천자문 팔행시, 여덟 글자의 풍경

고귀(高貴)하신 분들이
관모(冠帽)를 높이 쓰고
배종(陪從)한다, 왕(王)의 수레를.
련(連)이어
구르는 바퀴의
곡조(曲調)에
진동(振動)한다, 갓끈이
영원(永遠)히 충성(忠誠)하겠다는 아우성(聲)인 양.

천자문 팔행시, 언어유희의 풍경

고수(高手)의 길을 고수(固守)하다.

나의 분야에서 최고의 능력을 보유한 사람은 바로 나. 내가 차지한 이 최고의 지위를 굳게 지킨다.

관례(冠禮)의 관례(慣例)

예전에, 남자가 성년에 이르면 어른이 된다는 의미로 상투를 틀고 갓을 쓰게 하던 의례(儀禮)가 있었다. 그런 의식은 전부터 내려오던 전례(前例)가 관습으로 굳어진 것이었다.

0513~0520

世(세) 祿(록) 侈(치) 富(부) 車(거) 駕(가) 肥(비) 輕(경)

世	세	인간, 세상, 세대, 대대(代代)로, 대를 잇다
祿	록	녹, 녹봉, 벼슬아치들이 받던 보수, 녹을 주다
侈	치	사치하다, 크다, 많다
富	부	가멸다, 부유하다, 부자
車	거	수레, 수레바퀴 cf. **차** 수레, 수레바퀴
駕	가	멍에, 임금의 수레, 타다
肥	비	살찌다, 거름
輕	경	가볍다, 경솔하다, 업신여기다

천자문 팔행시, 여덟 글자의 해석

대대로 받은 녹봉으로 사치하고 부유하니, 살찐 (말이) 멍에를 짊어지고 (끄는) 수레가 가볍도다.

천자문 팔행시, 여덟 글자의 풍경

세상(世上)에서 권세(權勢)를 누리며
록(녹)봉(祿俸)을 받아
치부(致富)하여 사치(奢侈)하며
부귀(富貴)를 누린다.
거동(擧動)할 때 타는 수레는
가볍고,
비만(肥滿)인 말이 끄는 모습은
경쾌(輕快)하다.

천자문 팔행시, 언어유희의 풍경

혹세무민(惑世誣民), 혹세무민(酷稅誣民)

국가 관료라는 자들이 세상을 어지럽히고 백성을 미혹하게 하여 속이는구나. 나랏일 할 일 많다는 핑계로 가혹한 세금을 징수해놓고는 뒷구멍으로 지들이 해먹기 바쁘구나.

염량세태(炎涼世態) & 염량세태(厭涼世態)

쉽게 타오르고 쉽게 식는다. 세력이 있을 때는 아첨하여 따르다가도 세력이 없어지면 푸대접하는 세상인심이다. 그런데 요즈음 세상인심은 이에 더하여 극도로 남들을 싫어하면서 쌀쌀맞은 태도를 보이기까지 한다.

경시(競試)를 경시(輕視)해.

경쟁적으로 치르는 시험을 대수롭지 않게 보거나 업신여겨.

경적필패(輕敵必敗)? 경적필패(警笛必霸)!

적을 얕보면 반드시 패한다고? 나의 길은 승리의 길이야! 위풍당당하게 주의를 끄는 소리를 울리며, 반드시 으뜸의 자리에 오를 거야!

0521~0528

策(책) 功(공) 茂(무) 實(실) 勒(늑) 碑(비) 刻(각) 銘(명)

	책	꾀, 꾀하다, 채찍, 지팡이, 문서, 적다, 기록하다		공	공, 공로, 일, 명예
	무	무성하다, 우거지다, 왕성하다, 힘쓰다		실	열매, 결실, 내용, 실행하다, 자라다
	륵, 늑	굴레, 재갈, 억지로 하다, 새기다		비	비석, 돌기둥, 길이 전하다
	각	새기다, 깎다, 때		명	(금석에) 새기다, 금석에 새긴 글자

천자문 팔행시, 여덟 글자의 해석

공로를 기록하여 (그) 결실에 힘쓰고 (포상하며), 비석에 새기며 글자를 깎았다네.

천자문 팔행시, 여덟 글자의 풍경

책임감(**責任感**) 있게
공훈(**功勳**)이
무성(**茂盛**)하도록
실적(**實績**)에 대해 포상(**褒賞**)한다.
늑장 부리지 않고
비석(**碑石**)에 공적(**功績**)을
각인(**刻印**)하여
명문화(**明文化**)한다.

천자문 팔행시, 언어유희의 풍경

무성(無聲)이 무성(茂盛)해.

소리를 내지 않으나, 그 무음이 마구 뒤섞이거나 퍼져서 많은 상태다. 이것이 바로 그 유명한 '소리 없는 아우성'.

경각심(警覺心)으로 경각(頃刻)을 다툰다.

정신을 차리고 주의 깊게 살피어 경계하는 마음으로 눈 깜빡할 아주 짧은 시간조차 아끼려고 분투하고 있다.

0529~0536

磻(반) 溪(계) 伊(이) 尹(윤) 佐(좌) 時(시) 阿(아) 衡(형)

磻	반	강 이름, 반계(磻溪)라는 강 ※여기서는 반계에 있던 강태공 여상(呂尙)을 지칭한다.
溪	계	시내, 시냇물, 산골짜기, 텅 비다
伊	이	저, 이, 그
尹	윤	다스리다, 바로잡다, 이윤(伊尹)이라는 사람
佐	좌	돕다, 권하다, 다스리다
時	시	때, 때맞추다
阿	아	언덕, 구릉, 아형(阿衡)이라는 벼슬
衡	형	저울대, 저울, 저울질하다, 달다

천자문 팔행시, 여덟 글자의 해석

반계 (여상)과 이윤은 때맞추어 (임금을) 도와 아형이라는 벼슬에 올랐도다.

천자문 팔행시, 여덟 글자의 풍경

반드시 강태공(**姜太公**)을 등용(**登用**)하도록
계곡(**溪谷**)으로 몸소 가시오.
이윤(**伊尹**)을 등용(**登用**)하여
윤택(**潤澤**)하게 세상(**世上**)을 다스리시오.
좌우(**左右**)를 살피며
시의적절(**時宜適切**)하게 임금을 도운,
아첨(**阿諂**)이 통(**通**)하지 않는 명재상(**名宰相**)으로서
형평성(**衡平性**) 있게 다스릴 사람들이오.

천자문 팔행시, 언어유희의 풍경

계곡(溪谷)의 곡(曲), 이세계(異世界)의 곡(曲)

이렇게 물이 흐르는 골짜기에서 노랫소리를 들으니 마치 다른 세상에서 음악을 듣는 듯하구나.

보자 보자 하니 보좌관(補佐官)

상관을 돕는 일을 맡은 직책에 있는 사람이 상관을 위해 이것저것 따져보고 또 따져보고 있다.

아미타불(阿彌陀佛), 아미타불(我美打弗)

수행 중에 모든 중생을 제도하겠다는 부처님 말씀을 받들며, 나의 (내면의) 아름다움으로 근심을 때린다(근심을 떨군다).

0537~0544

奄(엄) 宅(택) 曲(곡) 阜(부) 微(미) 旦(단) 孰(숙) 營(영)

엄

문득, 오래,
가리다, 위로하다,
어루만지다

택

집, 무덤, 자리잡다,
거주하다, 정하다
cf. **댁** 댁(높임말)

곡

굽다, 굽히다,
바르지 않다,
가락, 곡조,
곡부(曲阜)라는 곳

부

언덕, 크다, 많다,
성하다, 살찌다

미

작다, 어렴풋하다,
자세하다, 꼼꼼하다,
몰래, 은밀히,
숨다, 숨기다, 아니다

단

아침, 새벽, 날이 밝다,
주공(周公)의 이름

숙

누구, 어느,
익다

영

경영하다, 다스리다,
짓다

천자문 팔행시, 여덟 글자의 해석

문득 (노나라) 곡부에 자리잡으니, 단(주공)이 아니면 누가 다스리리오.

천자문 팔행시, 여덟 글자의 풍경

엄청난 일을 하기 위해
택(擇)한 곳이
곡부(曲阜)라는 곳이었단다.
부지런히
미미(微微)하지 않은 업적(業績)을
단지(但只) 남기기 위해
숙고(熟考)하는 주공(周公)의 모습이
영원(永遠)히 기록(記錄)되었단다.

천자문 팔행시, 언어유희의 풍경

미소(微笑)는 미소(美笑)

소리 없이 빙긋이 웃는 그런 웃음은 아름다운 웃음.

영리(營利)를 추구하며 영리(榮利)를 누리다.

재산상의 이익을 꾀하면서 영화와 복리를 마음껏 즐긴다.

0545~0552

桓(환) 公(공) 匡(광) 合(합) 濟(제) 弱(약) 扶(부) 傾(경)

 환	굳세다, 머뭇거리다, 제(齊)나라 환공(桓公)	 공	공변되다, 공평하다, 여러 사람에 관계되는 일, 벼슬, 관청
 광	바루다, 바로잡다, 바르다, 구원하다	 합	합하다, 모으다, 들어맞다 cf. **홉** 홉(용량의 단위)
 제	건너다, 구하다, 구제하다, 돕다, 이루다	 약	약하다, 약하게 하다, 어리다, 패하다, 약한 자
 부	돕다, 붙들다, 떠받치다	 경	기울다, 기울이다, 기울어지다, 위태롭다, 위태롭게 하다

천자문 팔행시, 여덟 글자의 해석

(제나라) 환공이 (천하를) 바로잡아 (제후들을) 모았고, 약한 이를 구제하며 기우는 (나라)를 붙들어 도왔다네.

천자문 팔행시, 여덟 글자의 풍경

환공(桓公)께서
공정(公正)하게 다스리셨지.
광대(廣大)한 지역(地域)의
합의(合意)를 이끌어내셨고,
제민(濟民) 정책(政策)으로
약자(弱者)를 돕고
부실(不實)하여 기우는 나라를 붙드는
경향(傾向)을 보이셨다네.

천자문 팔행시, 언어유희의 풍경

공연(空然)히 공연(公演)해.

많은 사람들 앞에서 보이려고 연극 무대를 준비해서 올렸는데 관객이 너무 없어서 실속이 없었어.

공공기관(公共機關)인가, 공공기관(空空機關)인가?

국가나 사회의 구성원에게 두루 실질적 혜택이 돌아가게 일하는 기관인가, 허울뿐인 명목하에 국가나 사회의 구성원 입장에서는 그저 헛되고 헛된 일만 하는 기관인가?

구제(驅除)하며 구제(救濟)하네.

자연적인 재해 상황에서 해충 따위를 몰아내어 없애면서, 피해를 당하여 어려운 처지에 있는 사람들을 도와주고 있네.

0553~0560

綺(기) 回(회) 漢(한) 惠(혜) 說(열) 感(감) 武(무) 丁(정)

 綺 기	비단, 무늬, 광택, 기리계(綺里季)라는 한(漢)나라의 현인	 回 회	돌아오다, 돌다, 소용돌이치다, 피하다
 漢 한	한수(漢水), 한나라, 남자(낮춤말), 사나이	 惠 혜	은혜, 은혜를 베풀다, 인자하다, 착하다, 한(漢)나라의 혜제(惠帝)
說 열	기뻐하다, 기쁘다, 부열(傅說)이라는 은(殷)나라의 현인 cf. **설** 말씀, 말하다 **세** 달래다 **탈** 벗다	 感 감	느끼다, 감동하다, 깨닫다, 생각하다
武 무	호반(虎班), 무인, 굳세다, 은(殷)나라왕 무정(武丁)	 丁 정	고무래, 장정, 일꾼, 남자, 넷째 천간(天干)

천자문 팔행시, 여덟 글자의 해석

기리계 덕분에 한나라 혜제의 (지위가) 돌아왔고, (꿈속에 나타난) 부열에게 (은나라) 무정은 감동하여 (그를 재상으로 임용하였다네).

천자문 팔행시, 여덟 글자의 풍경

기리계(綺里季)가
회생(回生)을 도왔다지,
한(漢)나라
혜제(惠帝)의 지위(地位)를 말이야.
열정적(熱情的)으로
감동(感動)을 선사(膳賜)했다지,
무정(武丁)의 꿈에 부열(傅說)이 나와서 말이야.
정(正)말이야.

천자문 팔행시, 언어유희의 풍경

한자(漢字) 한 자(字) 한 자(字)

중국 문자가 나타내는 뜻이 무엇인지 한 글자씩, 한 글자씩 해석해 나간다.

은혜(恩惠)로운 은혜(隱惠)

고맙게 혜택을 베풀어 주시는데 그것도 남모르게 해주셨어.

감독(監督)님의 감동(感動)

운동 경기에서 팀 전체를 지휘하는 책임자의 언행에 사람들의 마음이 크게 느끼어 움직인다.

무용(舞踊) 같은 무용(武勇) vs. 무용(無用)한 무용(武勇)

싸움에서 (이긴 쪽은) 음악에 맞추어 율동적인 동작을 하듯 예술적으로 날쌔고 용맹스러운데 반하여, (진 쪽은) 그저 쓸모가 없는 무예와 용맹이었을 따름이다.

0561~0568

俊(준) 乂(예) 密(밀) 勿(물)
多(다) 士(사) 寔(식) 寧(녕)

 준	준걸(俊傑), 재주나 슬기가 뛰어난 사람, 재주나 슬기가 뛰어나다	 예	(풀을) 베다, 다스리다, 어질다, 어진 이
 밀	빽빽하다, 빈틈없다, 자세하다, 은밀하다, 숨기다, 몰래	 물	말다, 말라, 없다, 아니다, 부지런히 힘쓰다
 다	많다, 많아지다, 후하다, 낫다	 사	선비, 남자, 무사, 일, 전문가(專門家)인 사람
 식	이것, 이(是), 참으로, 진실로	 녕	편안하다, 문안하다, 어찌, 차라리

천자문 팔행시, 여덟 글자의 해석

재주가 뛰어난 사람들과 어진 이들이 빽빽이 (모여 나랏일에) 부지런히 힘쓰니, 많은 선비들로 인하여 (나라가) 참으로 편안하도다.

천자문 팔행시, 여덟 글자의 풍경

준수(**俊秀**)한 인재(**人才**)들이
예로부터 내려온 선현(**先賢**)의 말씀을 새기며
밀집(**密集**)하여 나랏일에 힘씀은
물론(**勿論**)이요,
다다익선(**多多益善**)이라, 선비인
사람들이
식별력(**識別力**)을 갖추어
녕(영)특(**英特**)하게 일하니 나라가 편안(**便安**)하도다.

천자문 팔행시, 언어유희의 풍경

파다 보니 파다(播多)하네.

어떤 사실을 알아내기 위하여 몹시 노력하다 보니, 이미 그 사실에 관한 소문이 널리 퍼져 있다는 사실을 깨달았다.

사화(士禍)에 관한 사화(史話)

조선 시대에, 선비들이 정치적 반대파에게 몰려 참혹한 화를 입던 역사적 사건과 관련하여 무수히 많은 이야기들이 전해 내려온다.

변호사(辯護士)냐, 변호사(便好士)냐?

법률에 규정된 자격을 가지고 소송 당사자나 관계인의 의뢰 또는 법원의 명령에 따라 피고나 원고를 변론하며 그 밖의 법률에 관한 업무에 종사하는 분이시라고요? 똥 같이 더러운 자들이 아주 좋아하는 분들이 아니고요? 똥 같이 더러운 일들을 아주 좋아하는 분들이 아니냐고요?

晉(진) 楚(초) 更(경) 霸(패) 趙(조) 魏(위) 困(곤) 橫(횡)

 진	진나라, 나아가다, 억누르다	 초	초나라, 가시나무, 회초리, 아프다, 곱다
 경	고치다, 바꾸다, 바뀌다, 번갈다, 갈마들이다, 번갈아 cf. **갱** 다시	 패	으뜸, 우두머리
 조	조나라, 찌르다, 미치다	 위	위나라, 대궐, 높다
 곤	곤하다, 괴로움을 겪다, 위태롭다, 난처하다	 횡	가로, 가로지르다, 제멋대로 하다, 거스르다, 비끼다, 갑작스러운, 연횡책(連衡策)

천자문 팔행시, 여덟 글자의 해석

(춘추 전국 시대에) 진(**晉**)나라와 초나라가 번갈아 우두머리가 되었고, 조나라와 위나라는 연횡책으로 [진(**秦**)나라에 대항하던 연합이 무너지면서 진(**秦**)나라의 공격을 받아] 위태롭게 되었노라.

cf. 연횡책(**連衡策**) : 강국인 진(**秦**)에 맞서 6국이 동맹하자는 합종책(**合縱策**)에 반대하여 6국이 각각 진(**秦**)과 화친하자고 주장한 외교 정책

천자문 팔행시, 여덟 글자의 풍경

진(晉)나라와
초(楚)나라가
경쟁(競爭)하며
패권(霸權)을 잡는다.
조(趙)나라와
위(魏)나라는 연횡책(連衡策)으로
곤경(困境)에 처(處)하고
횡액(橫厄)을 당(當)한다.

천자문 팔행시, 언어유희의 풍경

피를 보니 곤란(困難)해, 피곤(疲困)해.

유혈 사태가 발생하니 사정이 몹시 딱하고 어려워 몸과 마음이 지치어 고달퍼.

횡설수설(橫說竪說), 횡설수설(橫說數說)

조리가 없이 말을 이러쿵저러쿵 지껄이다 보니, 이치에 닿지 않는 말들이 수없이 쏟아지네.

0577~0584

假(가) 途(도) 滅(멸) 虢(괵) 踐(천) 土(토) 會(회) 盟(맹)

假 가
거짓, 가짜, 임시, 잠깐, 빌리다, 가령

途 도
길, 도로

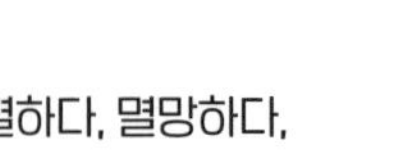

滅 멸
멸하다, 멸망하다, 없어지다, 다하다, 끄다, 빠지다

虢 괵
괵나라, 발톱 자국

踐 천
밟다, 발로 디디다, 따르다, 이행하다, 천토(踐土)라는 곳

土 토
흙, 땅, 토양, 영토, 고향

會 회
모이다, 모으다, 모임, 기회

盟 맹
맹세, 맹세하다, 약속

천자문 팔행시, 여덟 글자의 해석

[진(晉)나라가 우(虞)나라의] 길을 빌려 괵나라를 멸하였고, [진(晉)나라의 주도하에 여러 제후국(諸侯國)들이] 천토에 모여 [주(周)나라를 받들겠노라] 맹세하노라.

천자문 팔행시, 여덟 글자의 풍경

가식적(假飾的)으로 길을 빌려, 가는
도중(途中)에
멸망(滅亡)시켜,
괵(虢)나라를.
천토(踐土)에
토착(土着) 제후(諸侯)들을
회합(會合)하여
맹세(盟誓)시켜.

천자문 팔행시, 언어유희의 풍경

가면(假面)을 쓰고 가면 ......

...... 되는 거야? 속된 세상 속으로 들어가려면? 얼굴을 감추려고 얼굴에 거짓된 물건을 쓰고, 속뜻을 감추려고 겉으로 거짓된 태도를 보이면서?

가설(架設)된, 가설(假設) 같은 가설(假說)

공중에 건너질러 설치된 전깃줄처럼 허공을 가로지르는 (검증을 요하는) 이론 체계는 (검증 여하에 따라) 임시로 설치된 건물들처럼 언제든 허물어뜨릴 수 있다네.

천리(天理)를 위해 천리(千里)를 걷듯 천리(踐履)해.

천지자연의 이치 또는 하늘의 바른 도리를 깨닫기 위해, 먼 길을 걷는 여정의 걸음걸음처럼, 득도의 과정을 실제로 이행한다.

0585~0592

何(하) 遵(준) 約(약) 法(법) 韓(한) 弊(폐) 煩(번) 刑(형)

하

어찌, 어느, 무엇, 소하(蕭何), 한(漢)나라의 개국 공신(開國功臣)

준

좇다, 따르다, 순종하다, 거느리다, 뛰어나다

약

맺다, 묶다, 약속하다, 줄이다, 적다, 검소하다

법

법, 방법, 모형, 본받다

韓

한

나라 이름, 한비자(韓非子), 전국 시대의 법가 사상가

폐

해지다, 해어지다, 나쁘다, 부수다, 결단하다, 폐단, 폐해

煩

번

번거롭다, 번잡하다, 성가시다, 귀찮다, 괴롭히다, 어지럽다

형

형벌, 법, 형벌을 주다, 벌하다

천자문 팔행시, 여덟 글자의 해석

소하는 (몇 안 되는) 적은 법을 좇은 반면에, 한비자(의 사상은) 번거로운 형벌로 폐단(이 있었다네).

천자문 팔행시, 여덟 글자의 풍경

하등(何等) 하찮지 않아.
준수(遵守)해야 할
약소(略少)한 듯 간소(簡素)한
법률(法律)이 말이야.
한마디로
폐단(弊端)이 심(甚)하지.
번잡(煩雜)하고 번거로운
형벌(刑罰)은 말이야.

천자문 팔행시, 언어유희의 풍경

정신일도하사불성(精神逸逃何事不成) vs. 정신일도하사불성(精神一到何事不成)

마음이 달아나고 도망간다면 무슨 일이든 이루어지지 않겠지만, 마음이 한곳에 이른다면 어떤 일이든 이루어지지 않겠는가?

헌법(憲法), 헌 법(法)

국가의 조직, 구성 및 작용에 관한 근본법이며 한 국가의 최고 법규라는 법이 너무 오래되어 성하지 아니하고 낡은 법이다.

병폐(病弊)인 병폐(兵弊)

해로운 현상이 어디서 나타나냐면, 무력으로 옳지 못한 경향을 보일 때 나타나.

0593~0600

起(기) 翦(전) 頗(파) 牧(목) 用(용) 軍(군) 最(최) 精(정)

기

일어나다, 일으키다,
비롯하다, 시작하다,
백기(白起),
진(秦)나라의 명장(名將)

전

자르다, 끊다,
베다, 깎다,
왕전(王翦),
진(秦)나라의 명장(名將)

파

자못, 매우, 꽤, 퍽,
염파(廉頗),
조(趙)나라의 명장(名將)

목

(가축을) 치다, 기르다,
목장, 마소를 치는 사람,
이목(李牧),
조(趙)나라의 명장(名將)

용

쓰다, 부리다,
작용, 용도

군

군사, 군대, 병사, 전투,
진(陣)을 치다

최

가장, 으뜸, 제일,
가장 뛰어난 것,
중요한 일

정

정밀하다, 정교하다,
자세하다, 정하다,
깨끗하다, 찧다,
정기, 정신

천자문 팔행시, 여덟 글자의 해석

[진(**秦**)나라의] 백기와 왕전, [조(**趙**)나라의] 염파와 이목은 군사를 쓰는 데 제일 정교하였더라.

천자문 팔행시, 여덟 글자의 풍경

기병(**起兵**)하여
전투(**戰鬪**)에서 세운 공(**功**)이
파다(**頗多**)하다. 그 현장(**現場**)을
목격(**目擊**)한 병사(**兵士**)들도 많다.
용병술(**用兵術**),
군사 작전(**軍事作戰**)에
최고(**最高**)로
정통(**精通**)한 명장(**名將**)들이다.

천자문 팔행시, 언어유희의 풍경

늠름한 기상(氣像)으로 기상(奇想)을 품고 기상(起床)

타고난 마음씨가 의젓하고 당당한 사람이 좀처럼 짐작할 수 없는 별난 생각을 하며 잠자리에서 일어난다.

칠전팔기(七顚八起), 칠전팔기(七戰八起)

일곱 번 넘어지고 여덟 번 일어난다. 일곱 번 싸우다 자빠져도 다시 또 두 발로 선다. 여러 번 실패하여도 굴하지 아니한다. 꾸준히 노력하여 빛을 볼 때까지.

정치(精緻)한 정치(政治)

나라를 다스리는 일은 권력을 획득하고 유지하며, 사회 질서를 바로잡고, 국민들이 인간다운 삶을 영위하게 하고, 상호 간의 이해를 조정하는 따위의 역할까지 하는, 매우 정교하고 치밀한 임무다.

0601~0608

宣(선) 威(위) 沙(사) 漠(막)
馳(치) 譽(예) 丹(단) 靑(청)

宣 선

베풀다, 널리 펴다, 널리 퍼뜨리다, 떨치다, 밝히다

威 위

위엄, 세력, 권세, 두려워하다, 해치다

沙 사

모래, 사막, 물가

漠 막

넓다, 쓸쓸하다, 아득하다, 사막

馳 치

달리다, 질주하다, 전하다, 전해지다, 지나가다

譽 예

기리다, 칭찬하다, 즐기다, 명예, 영예, 칭찬

丹 단

붉다, 정성스럽다, 단청(丹靑), 대궐 등의 건물에 채색한 그림이나 무늬

靑 청

푸르다, 젊다, 푸른빛

천자문 팔행시, 여덟 글자의 해석

(장군들의) 위엄이 (멀리) 사막까지 떨쳤고, (그 모습을) 단청으로 기리며 전해졌다네.

천자문 팔행시, 여덟 글자의 풍경

선전포고(**宣戰布告**)하며
위풍당당(**威風堂堂**)한 위용(**威容**)을
사막(**沙漠**) 너머까지
막대(**莫大**)하게 알린 장군(**將軍**)들.
치사(**致謝**)하네, 그 공적(**功績**)을,
예(**例**)를 들면
단청(**丹青**)에
청아(**淸雅**)하게 그려진 초상화(**肖像畵**)의 모습으로.

천자문 팔행시, 언어유희의 풍경

위압(威壓)은 위압(位壓)

위엄이나 위력 따위로 압박하거나 정신적으로 억누르는데, 개인의 의식과 행동을 억압하여 강제로 복종하게 하는 힘으로 (위계 질서의) 지위가 찍어누르는 힘이 있다.

독야청청(獨也青青), 독야청청(獨夜淸淸)

나 홀로 푸르디 푸르다. 남들이 모두 절개를 꺾는 상황 속에서도 홀로 절개를 굳세게 지키고 있다. 고독한 밤에 홀로 맑디맑은 모습이다.

九(구) 州(주) 禹(우) 跡(적) 百(백) 郡(군) 秦(진) 并(병)

九	구	아홉, 아홉 번
州	주	고을, 마을, 섬, 나라, 국토, 행정 구역
禹	우	우임금, 하(夏)나라를 세운 임금
跡	적	자취, 발자취, 흔적, 뒤를 밟다, 뒤따르다
百	백	일백(100), 백 번, 온갖, 모든
郡	군	고을, 관청, 행정 구역
秦	진	진나라
并	병	아우르다, 합하다, 합치다, 하나로 되게 하다

천자문 팔행시, 여덟 글자의 해석

아홉 개의 주로 (나눈 것은) [하(**夏**)나라] 우임금의 자취고, 백 개의 군으로 진(**秦**)나라가 (천하를) 아울렀다네.

천자문 팔행시, 여덟 글자의 풍경

구주(**九州**)로
주위(**周圍**) 땅을
우왕(**禹王**)이 나누었다고
적혀있구나.
백(**百**) 개(**個**)의
군(**郡**)으로까지
진시황(**秦始皇**) 이래(**以來**)로 그 숫자가 늘어나면서
병합(**倂合**)한 땅을 다스렸다는구나.

천자문 팔행시, 언어유희의 풍경

구미호(九尾狐)에 구미(口味)가 당긴다.

꼬리가 아홉 개 달리고 사람을 잘 홀린다는 여우에 관심이 쏠려 입맛을 다신다.

백절불요(百折不撓) vs. 백절불요(百折不要)

숱하게 꺾여도 굴하지 않는다고? 어떠한 난관에도 결코 굽히지 않는 자세야 좋지. 근데 꼭 숱하게 꺾일 필요가 있나? 난 꺾이지 않아. 그렇게 꺾이는 일은 내겐 쓸데없는 일일 뿐이야.

嶽(악) 宗(종) 恒(항) 岱(대)
禪(선) 主(주) 云(운) 亭(정)

0617~0624

한자	뜻	한자	뜻
 악	큰 산, 높은 산, 오악(五嶽)의 총칭	 종	마루, 근원, 근본, 으뜸, 제사
 항	항상, 변하지 아니하다, 항산(恒山), 오악(五嶽) 중의 하나	 대	대산, 태산(泰山), 오악(五嶽) 중의 하나
 선	좌선(坐禪), 봉선(封禪), 천자가 하늘과 산천에 제사 지내던 일, 터를 닦다, 전하다	 주	주인, 임금, 주되다, 주로 하다
 운	이르다, 일컫다, 말하다, 가로되, 성하다, 구름, 운운산(云云山)	 정	정자(亭子), 주막집, 정정산(亭亭山), 우뚝 서다

천자문 팔행시, 여덟 글자의 해석

오악(**五嶽**) (중에) 으뜸은 항상과 태산이었고, 봉선(**封禪**)은 주로 운운산과 정정산에서 거행했노라.

천자문 팔행시, 여덟 글자의 풍경

악! 감탄사(**感歎詞**)가 나올 정도(**程度**)로
종래(**從來**)부터
항산(**恒山**)과 태산(**泰山**)은
대단한 산(**山**)들이었다.
선대(**先代**)에 봉선(**封禪**)하던 곳으로
주(**主**)로
운운산(**云云山**)과
정정산(**亭亭山**)이 거론(**擧論**)되었다.

천자문 팔행시, 언어유희의 풍경

항산항심(恒産恒心)이라 항산항심(恒算恒甚)인가!

일정한 생산이 있어 안정된 직업과 재산을 가진 자는 마음이 변치 않고 그만큼 여유가 생긴다. 반면에 물질적 기반이 결여된 자는 정신적으로 불안정하여 동요될 수 있다. 그런 까닭으로 요즈음 사람들이 항상 계산만 하고 있다고 하지만, 그렇게 이해타산만을 따지는 행태가 항상 너무 심하다! 이건 심각한 문제다.

참 선(善)을 위한 참선(參禪)

참으로 올바른 기준에 맞도록 좌선하여 선법을 닦고 있다.

정자(亭子)에서 정자세(正姿勢)

경치가 좋은 곳에 지은, 벽이 없이 기둥과 지붕만 있는 집에서 꼿꼿하고 바른 자세를 하고 있다.

0625~0632

雁(안) 門(문) 紫(자) 塞(새)
鷄(계) 田(전) 赤(적) 城(성)

안

기러기,
안문(雁門)이라는 곳,
기러기가 넘나들었다고
해서 붙여진 이름

문

문, 집안, 가문

자

자줏빛,
자새(紫塞)라는 곳,
흙빛이 자주색이라고
해서 붙여진 이름

새

변방, 변경, 성채(城砦)
cf. **색** 막히다, 막다,
충만하다

계

닭,
계전(鷄田)이라는
광활했던 곳

전

밭, 밭을 갈다

적

붉다, 붉은빛, 벌거숭이,
적성(赤城)이라는 곳,
돌 색깔이 붉다고 해서
붙여진 이름

성

재, 높은 산의 마루,
성, 성벽,
나라, 도읍

천자문 팔행시, 여덟 글자의 해석

안문과 자새란 곳이 있고, 계전과 적성이란 데도 있다네.

천자문 팔행시, 여덟 글자의 풍경

안문(**雁門**)이란 곳이 어딘지
문외한(**門外漢**)들은 알기 어렵지.
자새(**紫塞**)란 곳도
새로울 것 같은데 만리장성(**萬里長城**)과 연결되는 곳이지.
계전(**鷄田**)도
전(**全**)혀 모를 곳이고,
적성(**赤城**) 또한 생소(**生疎**)한 곳이지.
성공(**成功**)해서 나중에 중국(**中國**) 여행(**旅行**)할 때나
볼 일이 있으려나?

천자문 팔행시, 언어유희의 풍경

요새 요새(要塞) 어때?

요사이 우리 군사 방어 시설 상황은 어떤가?

세계(世界)란 계란(鷄卵)

이 세상은 닭이 낳은 알과 같다. 이른바 삶은 달걀. 알이 먼저인지, 닭이 먼저인지 모를 수수께끼처럼 세계란 미스터리 Mystery다.

성곽(城郭), 성과(成果)의 악(惡)

흙이나 돌 따위로 높이 쌓아 만든 담이 있다. 그렇게 담으로 둘러싼 구역에서 성공한 자들이 자기들만의 아성을 구축한다. 그러나 그들만의 아름다운 세상에서 불거져 나오는 부작용들이 또한 없지 않다.

구국간성(救國干城)의 구국간성(救國懇誠)

나라를 구하는 방패와 성처럼 훌륭한 인물이 나라를 구하기 위하여 간절하고 정성스럽게 노력한다.

0633~0640

昆(곤) 池(지) 碣(갈) 石(석) 鉅(거) 野(야) 洞(동) 庭(정)

곤

맏, 자손, 벌레, 곤지(昆池)라는 연못

지

못, 연못, 해자(垓字), 물길, 도랑

갈

비석, 우뚝 솟은 돌, 갈석산(碣石山)

석

돌, 돌침, 약, 섬

거

크다, 강하다, 단단하다, 갈고리, 거야(鉅野)라는 늪지대

야

들, 들판, 논밭, 교외, 시골, 촌스럽다

동

골, 골짜기, 굴. 마을, 비다, 동정호(洞庭湖)

정

뜰, 집안, 조정, 관아, 곳, 곧다

천자문 팔행시, 여덟 글자의 해석

곤지 연못과 갈석산이 있고, 거야 늪과 동정 호수가 있다네.

천자문 팔행시, 여덟 글자의 풍경

곤지(**昆池**)라는 연(**蓮**)못에
지금(**只今**) 곤지 찍은 여인(**女人**)이 있으려나?
갈석산(**碣石山**)으로 갈까,
석 달 안에?
거야(**鉅野**)라는 늪이 있는
야외(**野外**)에서 누가 노닐까?
동정호(**洞庭湖**)는
정(**正**)말 바다처럼 넓을까?

천자문 팔행시, 언어유희의 풍경

건전지(乾電池)에 건전(健全)한 지(志)

비유컨대 이 화학 전지에는 나의 건강하고 온전한 뜻이 담겨 있어. 그 뜻은 늘 충전되고 있지.

친정(親庭)의 친정(親政)

왕은 무력하고 외척(**外戚**)들이 직접 나라의 정사를 돌보는 형국이었다.

0641~0648

曠(광) 遠(원) 綿(면) 邈(막) 巖(암) 岫(수) 杳(묘) 冥(명)

광

비다, 비우다, 넓다, 탁 트이다, 멀다, 밝다

원

멀다, 멀리하다, 깊다, 심오하다

綿

면

솜, 이어지다, 멀다, 아득하다

막

멀다, 아득하다, 업신여기다

巖

암

바위, 굴, 벼랑, 낭떠러지, 가파르다, 험하다

수

산굴, 산봉우리, 산꼭대기

杳

묘

어둡다, 아득하다, 멀다, 깊숙하다, 깊고 넓은 모양

명

어둡다, 깊숙하다, 아득하다, 어둠, 밤, 저승, 바다

천자문 팔행시, 여덟 글자의 해석

(산천이) 탁 트여 멀리 이어지니 아득하고, (위로) 바위와 산봉우리가 (높이 솟아 있고 아래로 물이) 깊숙하니 아득하구나.

천자문 팔행시, 여덟 글자의 풍경

광야(曠野)를 가로지르는
원근감(遠近感) 있는 풍경(風景)이
면면(綿綿)하게
막대(莫大)하게 펼쳐진다.
암벽(巖壁)들이
수려(秀麗)하게 솟구치고
묘연(杳然)하게
명상(冥想)에 잠기게 한다.

천자문 팔행시, 언어유희의 풍경

소망(所望)해, 원경(圓鏡)을, 망원경(望遠鏡) 노릇할 거울을.

둥근 거울이 생기길 바란다. 자신을 바라볼 수 있는 거울로 자신의 현재의 모습을 뜯어볼 수 있고, (시간적으로) 멀리 떨어져 있는 미래의 나의 모습까지 정확하게 볼 수 있게끔 해주는 거울이다. 그런 미래를 설계하는데 이바지하는 거울이다.

명부(冥府)로 갈 명부(名簿)

사람이 죽은 뒤에 심판을 받는다는 영혼의 세계로 갈 사람들의 이름, 주소, 직업 따위가 적힌 장부다. 이게 바로 데뜨노뜨 Death Note다.

0649~0656

治(치) 本(본) 於(어) 農(농) 務(무) 玆(자) 稼(가) 穡(색)

 治 치	다스리다, 다스려지다, (병을) 낫게 하다	 本 본	근본, 근원, 밑, 바탕, 뿌리, 책
 於 어	어조사(語助辭), ~에, ~에게, ~보다 더, 있다 cf. **오** 탄식하다	 農 농	농사, 농부, 농사짓다, 힘쓰다
務 무	힘쓰다, 일, 직분	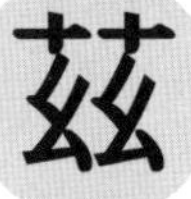 玆 자	무성하다, 이, 이에, 이곳, 여기
稼 가	(곡식을) 심다, 농사, 벼이삭	 穡 색	거두다, 수확하다, 농사

천자문 팔행시, 여덟 글자의 해석

다스림에 있어 근본을 농사에 두고, 이에 심고 거두는 데 힘쓰노라.

천자문 팔행시, 여덟 글자의 풍경

치산치수(治山治水)의
본질(本質)은
어디에 있겠소? 아마도
농업(農業)을
무엇보다 중시(重視)한 사회(社會)에서
자연(自然)스럽게
가졌을 법(法)한
색채(色彩) 아니겠소?

천자문 팔행시, 언어유희의 풍경

무위이치(無爲而治)며 무위이치(撫慰而治)라.

아무것도 하지 않고 능히 다스린다. 군주의 덕이 지극히 커서 천하가 저절로 잘 다스려진다. 군주는 백성의 아픔을 어루만지고 위로하여 달랜다. 어쩌면 이것이 바로 진정한 다스림이다.

농사(農舍)에 살며 농사(農事)져.

시골에 주거지를 두고, 농작물의 씨나 모종을 심어 기르고 거두는 따위의 일을 한다.

0657~0664

俶(숙) 載(재) 南(남) 畝(묘)
我(아) 藝(예) 黍(서) 稷(직)

俶 — 숙
비로소, 처음, 비롯하다

載 — 재
싣다, 타다, 비롯하다, 시작하다, 탈것

南 — 남
남녘, 남쪽

畝 — 묘, 무
이랑, 밭이랑, 밭두둑, 밭두렁

我 — 아
나, 나의, 아집(我執)

藝 — 예
재주, 기예, 학문, 심다

黍 — 서
기장, 볏과의 한해살이 풀

稷 — 직
피, 볏과의 한해살이 풀

천자문 팔행시, 여덟 글자의 해석

비로소 남녘 이랑에서 (일을) 시작하니, 나는 기장과 피를 심는다네.

천자문 팔행시, 여덟 글자의 풍경

숙이고 뭐 하슈?
재미있는 일 하슈?
남(南)쪽 이랑에서 무슨
묘(妙)한 일 하슈?
아니여유.
예로부터 해오던 대로
서서(徐徐)히 키워나갈 작물(作物)을
직접(直接) 심고 있을 뿐이여유.

천자문 팔행시, 언어유희의 풍경

천재일우(千載一遇)로 천재일우(天才一羽)

천 년이나 되는 세월 동안 단 한 번 만나듯이, 좀처럼 만나기 어려운 좋은 기회에 이른다. 선천적으로 남보다 훨씬 뛰어난 재주를 타고난 사람이 하나의 날개를 단 듯 날개짓하며 날아올라 활약한다.

몰아(沒我)로 몰아

자기를 잊고 있는 상태까지로 스스로를 몰아간다.

0665~0672

稅(세) 熟(숙) 貢(공) 新(신) 勸(권) 賞(상) 黜(출) 陟(척)

세

조세, 구실,
세금, (세금을) 거두다,
징수하다

숙

익다, 익히다, 무르익다,
익히

공

바치다, 천거하다,
공물(貢物),
나라에 바치던 특산물

신

새, 새로,
새롭다, 새로워지다,
처음

권

권하다, 권장하다,
힘쓰다, 가르치다

상

상, 상을 주다,
기리다, 찬양하다,
즐기며 구경하다

출

내치다, 내쫓다, 쫓다,
물리치다

척

오르다, 올리다,
승진하다, 추천하다

천자문 팔행시, 여덟 글자의 해석

익은 (곡식을) 세금으로 거두고 새로운 (특산물을) 공물로 바치며, (조세가 잘 이루어지도록) 권하고 상도 주며 (징세의 성과에 따라 관직에서) 내치기도 하고 (승진시켜) 올리기도 하더라.

천자문 팔행시, 여덟 글자의 풍경

세금(**稅金**)으로
숙고(**熟考**)할 것은 익은 곡식(**穀食**)이로세.
공물(**貢物**)로 받은 건
신선(**新鮮**)한 것들이라네.
권장(**勸獎**)하여
상(**賞**)을 주며
출근(**出勤**)하는 관리(**官吏**)들이
척척 일을 잘하게 독려(**督勵**)한다네.

천자문 팔행시, 언어유희의 풍경

과세(課稅) 걱정하며 과세(過歲) 하네, 과세(課勢) 하리라 마음먹네.

부과될 세금을 걱정하며 설을 쇠네. 스스로 과제를 부과하네, 세력이 되겠다고. 힘을 길러 이런 가난한 꼴을 다시는 겪지 않겠다고 마음먹네.

신선(新鮮)한 신선(神仙)

현실의 인간 세계에 구애되지 않고 자연과 벗하며 사는 사람이 새롭게 등장한다.

참신(斬新), 참 신나 ~♬♪

새롭고 산뜻한 일에는 흥미도 생기고 열성도 생겨 기분이 매우 좋아져.

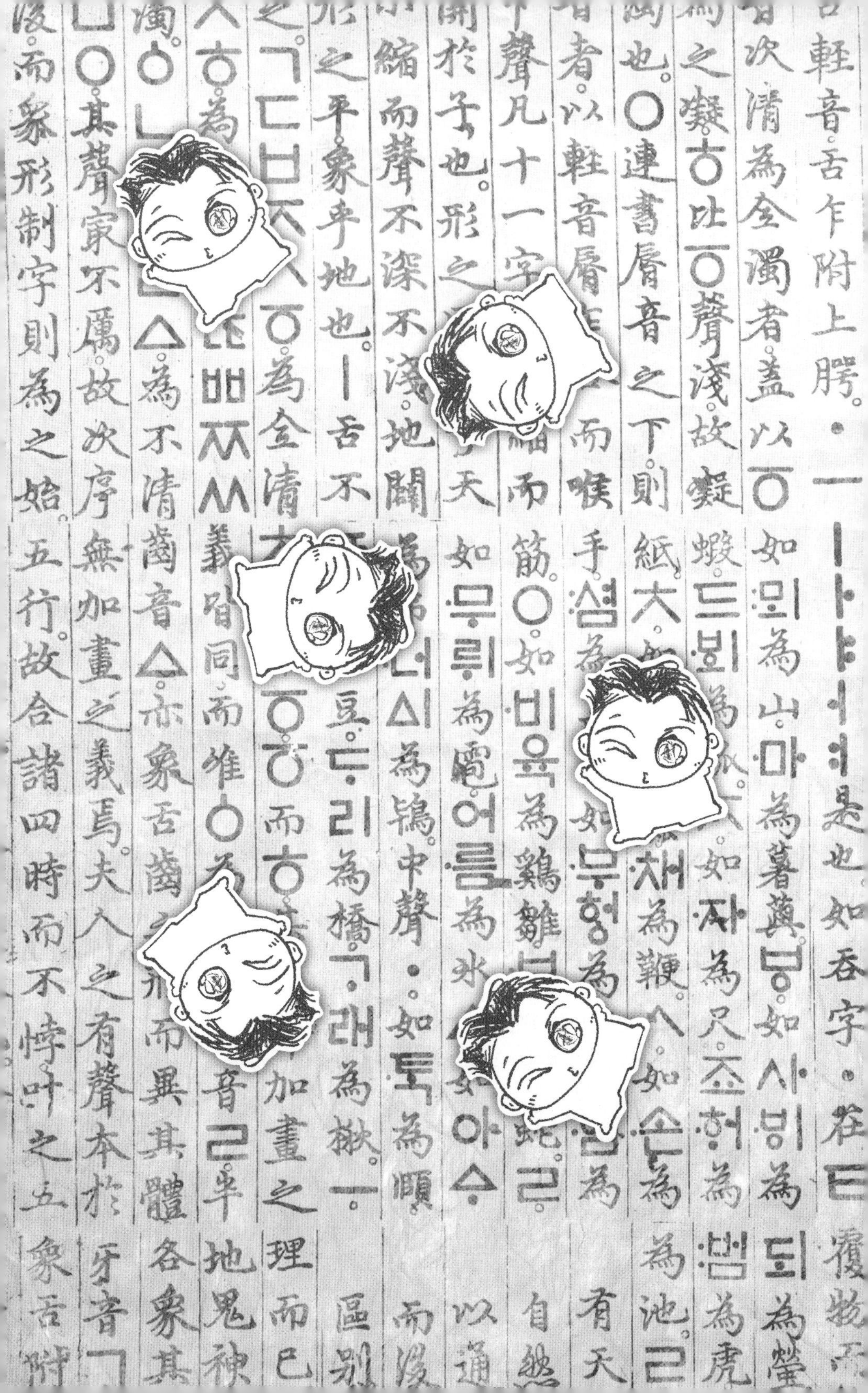

ㅁ輕音舌乍附上腭。•ㅡㅣㅏㅑㅓㅕ是也。如呑字•在ㅌ覆物

音次淸爲全濁者。盖以ㆆ如뫼爲山。마爲薯藇。ᄫ如사빙爲되爲螢

爲之凝。ㅎ比ㆆ聲淺。故凝蝦。드뵈爲如자爲尺。죠히爲범爲虎

濁也。ㅇ連書脣音之下。則紙。大채爲鞭如손爲爲池ㄹ

音者。以輕音脣乍合而喉手。셤爲如부형爲有天

聲凡十一字縮而筋。ㅇ如비육爲鷄雛ㄹ自然

開於子也。形之天如무뤼爲雹。어름爲氷아ᅀᆞ以通

縮而聲不深不淺。地闢ᅀᅵ爲中聲•如톡爲頤而後

形之平。象乎地也。ㅣ舌不로。ᄃᆞ리爲橋ᄀᆞ래爲楸。ㅡ區別

之ㄱㄷㅂㅈㅅㆆ爲全淸ㆆㆁ而ㆆ加畫之理而已

ㅅㅎ爲ㄸㅃㅉㅆ義同而唯ㆁ音ㄹ半地鬼神

濁。ㆁㄴㅿ爲不淸不濁音ㅿ亦象舌齒而異其體各象其

ㅁ。ㅇ。其聲冣不厲故次序無加畫之義焉。夫ㅅ之有聲本於牙音ㄱ

後。而象形制字則爲之始。五行故合諸四時而不悖叶之五象舌附

Part. 5

사회의 정경

0673~0992

0673~0680

孟(맹) 軻(가) 敦(돈) 素(소) 史(사) 魚(어) 秉(병) 直(직)

맹

맏, 맏이, 처음,
맹랑하다,
맹가(孟軻),
맹자(孟子)의 이름

가

수레,
수레가 가기 힘들다

돈

도탑다, 도탑게 하다,
힘쓰다

소

희다,
본디, 바탕,
평소

사

사기(史記), 역사,
사어(史魚)라는
사관(史官)

어

물고기,
고기잡이하다

병

잡다, 쥐다,
마음으로 지키다,
자루, 볏단

직

곧다, 바르다,
곧, 즉시,
다만
cf. **치** 값

천자문 팔행시, 여덟 글자의 해석

맹가는 바탕을 도탑게 하였고, 사어는 곧은 마음을 지켰네.

천자문 팔행시, 여덟 글자의 풍경

맹자(**孟子**)님께서
가능(**可能**)하면
돈독(**敦篤**)히 하셨지, 그
소양(**素養**)을 말이야.
사어(**史魚**)라는 분은
어떻게든
병(**病**)들든, 건강(**健康**)하든
직진(**直進**)하는 성품(**性品**)이셨어.

천자문 팔행시, 언어유희의 풍경

직시(織視) 말고 직시(直視)

실을 짜듯 시각을 얼키설키 꼬고 있어. 그러지 말고 똑바로 진실을 봐.

이실직고(以實直告)하면 이실직고(以失職苦)라네.

사실 그대로 고백하자면, 직업을 잃고 몸도 마음도 편하지 않고 고통스러운 상태야.

0681~0688

庶(서) 幾(기) 中(중) 庸(용) 勞(로) 謙(겸) 謹(근) 勅(칙)

 서	여러, 뭇, 거의, 바라다, 가깝다, 어느 한도에 매우 가까운 정도로, 서기(庶幾)	 기	거의, 몇, 기미, 낌새, 언저리, 자주, 어찌, 바라다
 중	가운데, 한가운데, 안쪽, 마음, 중용(中庸), 지나치거나 모자라지 아니한 상태, 맞다, 맞히다	 용	떳떳하다, 쓰다, 범상하다, 어찌
 로	일하다, 애쓰다, 수고하다, 위로하다	 겸	겸손하다, 공손하다, 양보하다
 근	삼가다, 조심하다, 경계하다	 칙	타이르다, 삼가다, 칙서(勅書)

천자문 팔행시, 여덟 글자의 해석

거의 중용에 가까운 정도가 되려면, 애쓰고 공손하고 삼가도록 타일러야 하느니라.

천자문 팔행시, 여덟 글자의 풍경

서민(庶民)들아,
기억(記憶)하라,
중용(中庸)의 도(道)를
용인(容認)할 것을.
로(노)고(勞苦)가 많지만
겸손(謙遜)한 자세(姿勢)로
근엄(謹嚴)하게 삼가고
칙칙한 것들을 경계(警戒)할지어다.

천자문 팔행시, 언어유희의 풍경

견마지로(犬馬之勞): 발'견'(發見), '마'음의 '지로' zero

개나 말 정도의 하찮은 힘이라고 윗사람에게 충성을 다하는 자신의 노력을 낮추어 이른다. 이런 마음씨에서 찾아낼 수 있는 것은 자기에게 공을 돌리는 마음은 0(=zero)이라는 사실이다.

위로(危路)에서 위로(慰勞)

위험한 길을 가고 있는 사람에게 더더욱 따뜻한 말이나 행동이 절실해. 그 사람의 괴로움을 덜어 주거나 슬픔을 달래 줄 수 있으니까.

0689~0696

聆(영) 音(음) 察(찰) 理(리)
鑑(감) 貌(모) 辨(변) 色(색)

령, 영

듣다, 깨닫다

음

소리, 음악, 가락, 말

찰

살피다, 알다, 드러나다

리

다스리다, 옥을 갈다,
이치, 도리, 사리

鑑

감

거울,
본보기, 모범, 교훈,
비추다, 비치다,
보다, 살피다

모

모양, 형상, 자태, 얼굴,
겉보기
cf. **막** 본뜨다

변

분별하다, 구별하다,
나누다
cf. **판** 갖추다
편 두루

색

빛, 빛깔, 얼굴빛,
기색(氣色)

천자문 팔행시, 여덟 글자의 해석

소리를 들으며 이치를 살피고, 모양에 비추어 기색을 분별하노라.

천자문 팔행시, 여덟 글자의 풍경

영혼(**靈魂**)의
음색(**音色**)을
찰나(**刹那**)마다 듣고는
리(이)치(**理致**)를 살핀다.
감상(**鑑賞**)해야 할 것은
모양(**模樣**) 뒤에 있는,
변별(**辨別**)해야 할 마음의
색채(**色彩**).

천자문 팔행시, 언어유희의 풍경

감상(感想)하며 감상(感傷)하고 감상(鑑賞)한다.

마음속으로 느끼며 하찮은 일에도 슬퍼지기도 하면서 (작품을) 이해하고 평가하기까지 한다.

외모(外貌)로 인한 외모(外侮)

겉으로 드러난 모습으로 인하여 외부로부터 받는 모욕.

숙맥불변(菽麥不辨)이니 숙맥불변(菽麥不變)이라.

콩인지 보리인지를 구별하지 못하는 사람은 사리 분별을 못하고 세상 물정을 잘 모르는 사람이다. 이런 사람은 쉽게 바뀌지 않는다.

0697~0704

貽(이) 厥(궐) 嘉(가) 猷(유) 勉(면) 其(기) 祇(지) 植(식)

이

끼치다, 남기다, 전하다, 주다, 물려주다

궐

그, 그것, 그 사람, 돌궐(오랑캐)

가

아름답다, 훌륭하다, 기리다, 칭찬하다

유

꾀, 계책,
도리,
아!

면

힘쓰다,
권하다,
억지로 하게 하다

기

그, 그것,
어조사, 발어사

지

공경하다, 존경하다, 삼가다

식

심다, 세우다,
마음속에 확고하게 자리를 잡게 하다,
식물, 초목
cf. **치** 두다

천자문 팔행시, 여덟 글자의 해석

그 아름다운 꾀를 (후손에게) 남기니, 공경하며 (마음속에) 심으며 그것에 힘쓸지어다.

천자문 팔행시, 여덟 글자의 풍경

이것은 옛날
궐(闕)에서도 인정(**認定**)받을
가능성(**可能性**)이 있었을
유구(**悠久**)한 계책(**計策**)이올시다.
면전(**面前**)에 두고
기(氣)를 쓰고
지금(**只今**) 우리들도
식물(**植物**)을 가꾸듯 잘 살려야겠소이다.

천자문 팔행시, 언어유희의 풍경

식민(植民)은 식민(食民)

본국(**本國**)과는 다른 차별적 지배를 받고 있는 지역에 자국민이 영주(**永住**)할 목적으로 이주하여 경제적으로 개척하며 활동하는 일이란, 쉽게 말해, 한 나라가 다른 나라 국민들을 집어먹겠다는 말이다.

이식(移植)은 이식(異植)

살아 있는 조직이나 장기를 생체로부터 떼어 내어, 같은 개체의 다른 부분 또는 다른 개체에 옮겨 붙이는 일이란, 다시 말해, 손상된 조직이나 장기 대신 다른, 건강한 조직이나 장기를 심는다는 말이다.

0705~0712

省(성) 躬(궁) 譏(기) 誡(계)
寵(총) 增(증) 抗(항) 極(극)

성

살피다, 깨닫다
cf. **생** 덜다

궁

몸, 몸소, 자기, 자신, 몸소 행하다

기

나무라다, 꾸짖다, 헐뜯다

계

경계하다, 훈계하다

총

괴다, 총애하다, 특별히 귀여워하며 사랑하다, 첩(妾)

증

더하다, 불어나다, 겹치다

항

막다, 대항하다, 겨루다, 맞서다, 들다

극

다하다, 극진하다, 극, 끝, 한계, 막다른 지점

천자문 팔행시, 여덟 글자의 해석

(자신의) 몸을 살피며 나무라고 경계하며, (임금의) 총애가 더한다고 (방자함이) 막다른 지경까지 (가지 않도록) 막도록 하거라.

천자문 팔행시, 여덟 글자의 풍경

성찰(省察)하라,
궁핍(窮乏)한 일을 당(當)하기 전(前)에.
기고만장(氣高萬丈)하다 큰코다칠 수 있으니,
계도(啟導)하라, 자기(自己) 자신(自身)을.
총애(寵愛)의
증가(增加)가 증오(憎惡)의 증가(增加)로 이어지지 않도록
항력(抗力)을 발휘(發揮)하여
극단(極端)으로 치닫지 않도록 하라.

천자문 팔행시, 언어유희의 풍경

혼정신성(昏定晨省)이니 혼정신성(魂正神聖)이라.

밤에는 부모의 잠자리를 보아 드리고 이른 아침에는 부모의 밤새 안부를 묻는다. 부모를 잘 섬기고 효성을 다함을 이르는 말. 자식된 도리를 다하는 마음에는 바른 영혼과 함부로 가까이할 수 없을 만큼 고결하고 거룩한 정신이 녹아 있다.

생리(生理) 악! 생략(省略)

성숙한 여성이 자궁에서 주기적으로 출혈하는 생리 현상으로 고통받으며 외치는 말: "생리할 때 생리통만은 제발 좀 빼줘!"

증가(增價)로 증가(增加)한 건, 가격(價格)의 가격(加擊)이로세.

시장에서 물건값이 오르니 서민들 부담이 늘어나네. 돈을 더 내놓으라는 물건값들의 요구가 서민들의 마음을 몽둥이로 때리듯 하네.

극단(極端)으로 치닫는 극단(劇團)

연극을 전문으로 공연하는 단체에서 사건이 터지면서 일의 진행이 더 나아갈 데가 없는 지경에까지 이른다.

0713~0720

殆(태) 辱(욕) 近(근) 恥(치) 林(임) 皐(고) 幸(행) 卽(즉)

태

위태하다, 위태롭다, 두려워하다, 거의

욕

욕되다, 욕보이다, 더럽히다, 수치(羞恥)

近

근

가깝다, 가까이하다, 닮다, 친하다, 근처

치

부끄럽다, 부끄러워하다, 부끄러움, 욕

林

림, 임

수풀, 숲, 들, 야외, 동아리, 모임, 많다

고

언덕, 못

幸

행

다행하다, 다행히, 다행, 요행

즉

곧, 즉시, 가까이하다, 나아가다

천자문 팔행시, 여덟 글자의 해석

(관직 생활에서) 위태로이 욕되어 부끄러움에 가깝다면, (관직에서 물러나) 수풀과 언덕(한적한 자연)으로 나아감이 다행일지어다.

천자문 팔행시, 여덟 글자의 풍경

태만(怠慢)하게
욕심(欲心)을 부리는 관리(官吏)는
근처(近處)에
치욕(恥辱)이 도사릴지어다.
임야(林野)로
고독(孤獨)한 풍경(風景)으로
행복(幸福)을 찾아
즉시(卽時) 떠날지어다.

천자문 팔행시, 언어유희의 풍경

욕설(辱說) from 욕설(辱舌)

남의 인격을 무시하는 모욕적인 말 또는 남을 저주하는 말은 모두 더러운 혀에서 나온다.

모욕(侮辱) from 모욕(某辱)

인터넷에서 깔보고 욕되게 하는 자들은 몽땅 다 누군지도 모를 아무개들이다.

설욕(說辱) to 설욕(雪辱)!

말로써 내뱉은 욕설로 당한 부끄러움을 깨끗이 씻어낸다!

0721~0728

兩(양) 疏(소) 見(견) 機(기) 解(해) 組(조) 誰(수) 逼(핍)

량, 양

두, 둘, 짝,
필(길이의 단위)
cf. **냥** 냥(돈의 단위)

소

트이다, 소통하다,
드물다, 성기다,
소광(疏廣)과 소수(疏受)
[한(漢)나라 때의 인물들]

견

보다, 보이다,
의견
cf. **현** 뵙다, 뵈다

기

베틀, 틀, 기계, 기틀,
기회, 기미, 조짐,
시기, 때

해

풀다, 벗다, 풀이하다,
느슨해지다, 풀리다,
깨닫다

조

짜다, 꿰매다,
끈, 인끈,
관리의 신분증에 매던 끈

誰

수

누구,
묻다

핍

다그치다, 핍박하다,
닥치다

천자문 팔행시, 여덟 글자의 해석

소 씨 둘이 (관직에서 물러날 때가 되었다는) 기미를 보고는, 인끈을 풀어버리니 (관직에서 물러나니) 누가 다그치리오.

천자문 팔행시, 여덟 글자의 풍경

양반(兩班)으로서 떳떳하게 살아야할
소명(召命)이 있소이다.
견디기 힘든 권세(權勢)는
기회(機會)가 된다면 기꺼이 박차고
해소(解消)하겠소,
조직(組織) 관계(關係)를.
수치(羞恥)스럽게
핍박(逼迫)당(當)할 일이 없도록 말이오.

천자문 팔행시, 언어유희의 풍경

기계(機械)에 관한 기계(奇計)

동력을 써서 움직이거나 일을 하는 장치에 기묘한 꾀를 부리다.

헤이(hey), 해이(解弛)해지지 마!

이봐, 긴장이 풀려 마음이 느슨해지지 마!

조합(組合), 조합(照合)

여럿을 한데 모아 한 덩어리로 짤 때, 잘못 따위가 있는지 알아보기 위하여 서로 맞추어 본다.

0729~0736

索(삭) 居(거) 閒(한) 處(처)
沈(침) 黙(묵) 寂(적) 寥(료)

 索 삭	동아줄, 쓸쓸하다, 공허하다 cf. **색** 찾다, 바라다	 居 거	살다, (처지에) 있다, 앉다
 閒 한	한가하다, 한가롭다, 쉬다, 휴식하다	 處 처	곳, 장소, 위치, 머무르다, 살다, 있다
沈 침	잠기다, 빠지다, 막히다, 숨다 cf. **심** 성씨	 黙 묵	잠잠하다, 조용하다, 말이 없다
 寂 적	고요하다, 쓸쓸하다, 편안하다	 寥 료	쓸쓸하다, 외롭고 허전하다, 텅 비다, 휑하다

천자문 팔행시, 여덟 글자의 해석

(벼슬에서 물러나) 쓸쓸히 살며 한가로이 머무르고, 잠잠하게 잠기니 외롭지만 편안하구나.

천자문 팔행시, 여덟 글자의 풍경

삭막(索莫)한 듯한
거처(居處)에
한가(閑暇)로이, 한적(閑寂)하게 머무는
처지(處地)라네.
침잠(沈潛)하네,
묵묵(默默)히 침묵(沈默) 속으로.
적적(寂寂)하게, 적막(寂寞)하게
료(요)즈음 이렇게 지낸다네.

천자문 팔행시, 언어유희의 풍경

한가(寒家)의 한가(閑暇)

찬바람 숭숭 부는 가난한 집에서 삶의 여유를 누리네.

처치(church) 문제를 처치(處置)

교회에서 터진 일을 감당하여 처리한다.

처지(處地)가 이래서 기분이 처지네.

처하여 있는 형편이 별로라서 기분이 바닥으로 잠겨 가라앉아 있어.

의기소침(意氣銷沈)하다 의기소침(疑忌銷沈)하네.

기운이 없어지고 풀이 죽어 있었다가, (오해가 풀리면서) 의심하고 꺼리던 마음이 누그러들었네.

0737~0744

求(구) 古(고) 尋(심) 論(론) 散(산) 慮(려) 逍(소) 遙(요)

구

구하다, 찾다, 묻다, 부르다, 힘쓰다

고

옛, 예전, 옛날, 옛일, 옛것, 선조

심

찾다, 캐묻다, 치다, 생각하다, 이윽고

론

논하다, 의논하다, 토론하다, 말하다, 견해

산

흩다, 흩어지다, 흩뜨리다, 따로따로 떨어지다

려

생각하다, 염려하다, 근심하다, 이리저리 헤아리다, 생각, 염려, 근심

소

거닐다, 노닐다

요

멀다, 아득하다, 거닐다, 서성거리다

천자문 팔행시, 여덟 글자의 해석

옛것(옛사람의 글)을 구해서 캐묻고 논하며, 근심을 흩뜨리고 노닐며 서성거린다네.

천자문 팔행시, 여덟 글자의 풍경

구(求)해서 봅니다.
고전(**古典**)의 말씀들을.
심도(**深度**) 깊게
론(논)의(**論議**)할 것도 많습니다.
산만(**散漫**)한 생각들은
려(여)하(**如何**)튼 흩어내고,
소풍(**逍風**)길을 걷듯
요로코롬(=요렇게) 길을 거닙니다.

천자문 팔행시, 언어유희의 풍경

구상(求償)의 구상(構想)

무역 거래에서, 계약 위반 사항에 대해 손해 배상을 청구하거나 이의를 제기하려 할 때, 앞으로 이루려는 일에 대하여 그 일의 내용이나 규모, 실현 방법 따위를 이리저리 생각한다.

고대(古代)부터 고대(苦待)해왔어.

아주 오랜 옛날부터 몹시 기다려왔어.

갑론을박(甲論乙駁) 중 갑론을박(甲論乙薄)

여러 사람이 서로 자신의 주장을 내세우며 상대편의 주장을 반대하며 말하고 있다. 한쪽에서는 다른 쪽의 주장의 근거가 얇다고, 납득할 만한 근거가 많지 않다고 주장하고 있다.

일이 무산(霧散)되어 현재 무산(無産) 상태

의욕적으로 추진하던 사업이 마치 안개가 걷히듯 그렇게 흐지부지 취소되어 버려서, 사업을 몽땅 말아먹고 지금 재산이 없는 신세라네.

요원(要員) 구하기가 요원(遙遠)해.

어떤 기관에서 꼭 필요한 인원을 충원할 길이 아득히 먼 상태다.

0745~0752

欣(흔) 奏(주) 累(루) 遣(견) 慼(척) 謝(사) 歡(환) 招(초)

 欣 흔	기쁘다, 기뻐하다, 기쁨	 奏 주	아뢰다, 모이다, 연주하다, 달리다
 累 루, 누	묶다, 포개다, 쌓다, 폐를 끼치다, 더럽히다, 여러, 근심	 遣 견	보내다, 내쫓다, 놓아주다, 떠나다
慼 척	근심하다, 슬퍼하다, 근심, 슬픔	 謝 사	사례하다, 사과하다, 물리치다, 물러나다
歡 환	기쁘다, 기뻐하다, 기쁨, 즐거움	 招 초	부르다, 손짓하다, 오게 하다

천자문 팔행시, 여덟 글자의 해석

기쁨들이 모이고 근심들은 떠나며, 슬픔도 물러나고 즐거움이 손짓하네.

천자문 팔행시, 여덟 글자의 풍경

흔쾌(**欣快**)히 받아들일 건
주(**主**)로 좋은 일.
루(누)차(**屢次**) 거절(**拒絶**)할 건
견지(**堅持**)할 값어치 없는 번거로운 일.
척 보면 알 수 있네,
사절(**謝絶**)해야 할 일은.
환호(**歡呼**)할 일은 기꺼이
초빙(**招聘**)한다네.

천자문 팔행시, 언어유희의 풍경

독주(獨走)하듯 독주(獨奏)하네.

승부를 다투는 일에서 다른 경쟁 상대를 뒤로 떼어 놓고 훌쩍 혼자서 앞서 나가듯이, 한 사람이 악기를 연주하는데 그 실력이 탁월하더라.

누란지위(累卵之危), 똥 누란 지위(遲危)

층층이 쌓아 놓은 알이 언제 무너져 깨질까 위태롭듯이, 몹시 아슬아슬한 위기가 찾아왔다! 위태롭다! 위태로워! 대변이 급한데 지체되는 위기의 순간이구나!

사례(謝禮)의 사례(事例)

언행이나 선물 따위로 상대에게 고마운 뜻을 나타낸 적이 있었던 실제의 예.

초대(招待)된 초대(初代)

어떤 모임에서 첫 번째로 장(**長**)을 맡았던 사람을 불러 대접한다.

渠(거) 荷(하) 的(적) 歷(력) 園(원) 莽(망) 抽(추) 條(조)

 渠 거	도랑, 작은 개울, 개천, 크다, 어찌	 荷 하	메다, 떠맡다, 짐, 화물, 연꽃
 的 적	과녁, 표준, ~의, 밝다, 선명하다	 歷 력	지나다, 지내다, 겪다, 분명하다, 뚜렷하다, 달력
 園 원	동산, 정원, 뜰, 밭, 별장	 莽 망	풀, 잡초, 풀이 우거지다
 抽 추	뽑다, 뽑아내다, 빼내다, 빼다, 제거하다, 없애다, 싹트다	 條 조	가지, 나뭇가지, 끈, 조리(條理), 조목, 길다, 통하다

천자문 팔행시, 여덟 글자의 해석

도랑에선 연꽃이 선명하니 뚜렷하고, 동산에선 풀이 (마치) 가지를 뽑듯이 (뻗어 나오네).

천자문 팔행시, 여덟 글자의 풍경

거기에 숨어 계셨소?
하마터면 못 볼 뻔했소.
적적(寂寂)한 듯 고운 빛이
력(역)력(歷歷)한 연(蓮)꽃과 함께 있구려.
원예(園藝)를 해도 좋을 만한,
망가지지 않은 동산에서
추위에도 아랑곳하지 않을 풀들이
조만큼씩이나 우거져 있구려.

천자문 팔행시, 언어유희의 풍경

수하물(樹下物)은 수하물(手荷物)

저 나무 아래에 있는 물건은 손에 간편하게 들고 다닐 수 있는 짐이다.

정원(庭園)의 정원(定員)

집 안에 있는 뜰에서 파티(party)를 열까 하는데, 몇 명이나 인원을 들일 수 있을지 따져 보자.

조리(條理) 있게 조리(調理)

앞뒤가 들어맞고 체계가 서는 갈피로 요리를 만들어.

0761~0768

枇(비) 杷(파) 晩(만) 翠(취) 梧(오) 桐(동) 早(조) 凋(조)

한자	음	뜻	한자	음	뜻
枇	비	비파나무, 장미과의 상록 교목	杷	파	비파나무
晩	만	늦다, 저물다, 저녁, 해질녘	翠	취	물총새, 비취, 비취색, 푸르다
梧	오	오동나무, 낙엽 활엽 교목, 거문고	桐	동	오동나무, 거문고
早	조	이르다, 일찍, 미리, 급히, 새벽	凋	조	시들다, 이울다, 쇠하다

천자문 팔행시, 여덟 글자의 해석

비파나무는 (겨울에) 늦게까지 푸르고, 오동나무는 (가을에) 일찍부터 시드네.

천자문 팔행시, 여덟 글자의 풍경

비파(枇杷)나무는
파란 기운을
만만치 않은 겨울에도
취(取)하지.
오동(梧桐)나무는
동동 발구르며
조기(早期)에, 가을을 맞아
조금 일찍 시들지.

천자문 팔행시, 언어유희의 풍경

만학(晩學)의 만학(滿學)

나이가 들어 뒤늦게 공부하면, 공부의 기쁨과 열의가 남달라서 듬뿍듬뿍 학업을 이룰 수 있다네.

조기(早期) 조기(早起)

저기 저 아이는 초등학교에 들어가기 전부터, 이른 시기에 아침 일찍 일어나는 습관을 들였어.

陳(진) 根(근) 委(위) 翳(예) 落(락) 葉(엽) 飄(표) 颻(요)

	진	베풀다, 늘어놓다, 묵다, 오래되다
	근	뿌리, 근본, 뿌리박다
委	위	맡기다, 버리다, 시들다, 쌓이다, 쌓다, 끝
	예	깃으로 된 일산(日傘), 가리다, 말라죽다
落	락	떨어지다, 흩어지다, 낙엽, 마을
	엽	잎, 세대
飄	표	회오리바람, 질풍, 나부끼다, 떨어지다
	요	불어 오르는 바람, 나부끼다, 바람에 높이 날리다

천자문 팔행시, 여덟 글자의 해석

묵은 뿌리는 시들어 말라버리고, 떨어지는 잎들이 (바람에) 나부끼며 높이 날리네.

천자문 팔행시, 여덟 글자의 풍경

진부(**陳腐**)한 표현(**表現**)일 수도 있는데, 겨울은
근처(**近處**)가 모두 삭막(**索莫**)한 풍경(**風景**)이야.
위로는 앙상한 가지, 아래로는 마른 뿌리……
예로부터 변(**變**)함없는 풍경(**風景**)이야.
락(낙)엽(**落葉**)이 휘날려.
엽기적(**獵奇的**)으로
표정(**表情**)을 짓는 듯
요란(**搖亂**)하게 휘날려.

천자문 팔행시, 언어유희의 풍경

진부(眞否)를 따지기도 진부(陳腐)해.

참됨과 거짓됨 또는 진짜와 가짜를 낱낱이 검토하기도 뭣할 정도로 낡아서 새롭지 못하다.

위임(委任) 받은 사람이 확실히 실력이 위임.

어떤 일을 책임 지워 맡긴 데는 그만큼 그 능력을 인정했기 때문이다.

탈락(脫落)하니 탈락(脫樂)하네.

어느 일에서 떨어져 벗어나 버리니, 그 일에서 누리던 즐거움도 (같이) 벗어나 버리네.

0777~0784

遊(유) 鯤(곤) 獨(독) 運(운) 凌(능) 摩(마) 絳(강) 霄(소)

유

놀다, 노닐다, 떠돌다, 여행하다, 즐기다, 헤엄치다

곤

곤어, 붕(鵬)새로 변한다는 어마어마하게 큰 상상의 물고기

독

홀로, 혼자, 홀몸, 외롭다

운

옮기다, 나르다, 움직이다, 돌다, 돌리다

凌

릉, 능

업신여기다, 능가하다, 얼음

마

갈다, 문지르다, 쓰다듬다, 닦다, 닳다, 닳다

강

진홍색(眞紅色)

소

하늘, 진눈깨비, 구름

천자문 팔행시, 여덟 글자의 해석

헤엄치던 곤어가 홀로 움직이더니, (붕새로 변하여) 진홍색 하늘을 업신여기듯 문지른다네(희롱하듯 날아다닌다네).

천자문 팔행시, 여덟 글자의 풍경

유람(遊覽)하듯 노니는
곤어(鯤魚)는
독자적(獨自的)으로
운동(運動)하다 인간(人間)을
능멸(凌蔑)하듯, 아니면 인간(人間)과
마찰(摩擦)을 피(避)하려는 듯
강산(江山) 위로 붕(鵬)새가 되어
소리없이 붉은 하늘로 날아오른다.

천자문 팔행시, 언어유희의 풍경

음유시인(吟遊詩人)은 음유시인(陰遊詩人)

프랑스 여러 지방을 떠돌아다니면서 시를 읊었던 시인이 있었다. 음지에서, 눈에 띄지 않는 곳을 누비며 언어의 노래를 부르고 다녔다.

독재(獨裁)는 독재(督裁)

특정한 개인이 어떤 분야에서 모든 권력을 차지하여 모든 일을 독단으로 처리한다. 임의적으로 매사에 감독하고 멋대로 결단한다.

0785~0792

耽(탐) 讀(독) 翫(완) 市(시) 寓(우) 目(목) 囊(낭) 箱(상)

耽 탐

즐기다, 빠지다, 귀가 커서 축 처지다

讀 독

읽다, 읽기
cf. **두** 구두점(句讀點), 이두

翫 완

노리개, 가지고 놀다, 희롱하다, 구경하다

市 시

저자, 시장, 시가, 거래하다, 팔다, 사다

寓 우

부치다, 붙어살다, 머무르다

目 목

눈, 제목, 조목, 요점, 보다

囊 낭

주머니, 주머니에 넣다

箱 상

상자, 곳집, 곁방

천자문 팔행시, 여덟 글자의 해석

[한(漢)나라의 왕충(王充)은] (책) 읽기를 즐겨서 저자(의 책방에서 책을) 구경하곤 했는데, 눈이 머무르면 (본 내용을) 주머니나 상자(에 담아둔 듯 잘 기억했더라).

천자문 팔행시, 여덟 글자의 풍경

탐닉(耽溺)하네,
독서(讀書)에.
완전(完全)히 몰입(沒入)하네,
시장(市場) 한가운데서.
우수(優秀)한 기억력(記憶力)으로
목전(目前)의 책(冊) 내용(內容)을 기억(記憶)하네,
낭독(朗讀)할 정도(程度)로
상자(箱子)에 담아둔 듯이.

천자문 팔행시, 언어유희의 풍경

시장(市場)이라는 시장(試場)

여러 가지 상품을 사고파는 장소는 경쟁하는 기업들이 소비자들로부터 판매력을 검사받고 평가받는 시험장이다.

시정잡배(市井雜輩)? 시정잡배(是正雜輩)!

펀둥펀둥 놀면서 방탕한 생활을 하며 시중에 떠돌아다니는 점잖지 못한 무리가 있다고? 그런 잡된 무리의 잘못된 짓들을 바로잡도록 하라!

0793~0800

易(이) 輶(유) 攸(유) 畏(외) 屬(속) 耳(이) 垣(원) 牆(장)

 易	이	쉽다, 다스리다 cf. **역** 바꾸다, 다르다, 역학	 輶	유	가볍다, 가벼운 수레
攸	유	바, 곳	 畏	외	두려워하다, 꺼리다, 경외하다, 삼가고 조심하다
屬	속	무리, 속하다, 거느리다, 붙이다	 耳	이	귀, 귀에 익다, 듣다, ~뿐
 垣	원	담, 담장, 울타리	 牆	장	담, 담장, 경계

천자문 팔행시, 여덟 글자의 해석

쉽고 가벼운 (언행은) 두려워해야할 바이니, (마치 누군가가) 담장에 귀를 붙이고 (듣는 듯하느니라.)

천자문 팔행시, 여덟 글자의 풍경

이 사람 보게?
유(類)달리 말이 많고
유(類)달리 입이 가볍네?
외부인(外部人)에게
속을 다 보이고 싶은가? 남의
이목(耳目)이 두렵지 않은가?
원(願)치 않았는데도 자네 말이
장차(將次) 알려질지 누가 알겠는가?

천자문 팔행시, 언어유희의 풍경

일일지구부지외호(一日之狗不知畏虎)나 일일지구부지외호(一日地球不知畏虎)라.

하룻강아지 범 무서운 줄 모른다고 업신여기지만, 하루라도 지구에서 호랑이를 두려워하지 않을 사람에게는 위대한 면도 있도다.

우이독경(牛耳讀經)이나 우이독경(愚而讀經)이라.

쇠귀에 경 읽기라며, 아무리 가르치고 일러 주어도 알아듣지 못한다고 꾸짖기만 하지 마라. 어리석다 하더라도 그렇게 열심히 경을 읽고 있지 않더냐. 자신의 머리의 한계에 끝없이 도전하는 정신은 높이 살만 하니라.

具(구) 膳(선) 飧(손) 飯(반) 適(적) 口(구) 充(충) 腸(장)

구

갖추다, 함께, 그릇, 기구, 자세히

선

반찬, 상을 차려 올리다, 바치다, 먹다

손

저녁밥, 밥을 물에 말다 cf. **찬** 먹다

반

밥, 밥을 먹다, 먹이다

적

맞다, 알맞다, 마땅하다, 원수

구

입, 어귀, 출입구, 인구, 말하다

충

채우다, 차다, 가득차다, 막다

장

창자, 마음, 기질

천자문 팔행시, 여덟 글자의 해석

반찬을 갖추어 (소박하게) 밥을 물에 말아먹더라도, 입에 맞게 창자(배)를 채우면 (족하다네).

천자문 팔행시, 여덟 글자의 풍경

구비(具備)한 식기(食器)로
선생(先生)님께서
손님과 더불어 밥과
반찬(飯饌)을 드십니다.
적당(適當)히
구미(口味)에 맞게
충족(充足)스러운
장면(場面)입니다.

천자문 팔행시, 언어유희의 풍경

다반사(茶飯事)인 일들은 다 반사(反射)!

일상에서 늘 일어나는 쳇바퀴들은 다시 되돌려 굴려버릴 거야!

중구난방(衆口難防)이니 중구난방(衆口暖房)이라.

뭇사람의 말을 막기가 어렵다. 막기 어려울 정도로 여럿이 마구 지껄이고 있다. 어쩌나 떠들어대던지 언어의 열기로 실내의 온도를 높여 방을 따뜻하게 한다.

0809~0816

飽(포) 飫(어) 烹(팽) 宰(재) 飢(기) 厭(염) 糟(조) 糠(강)

 포	배부르다, 포식하다, 꽉 차다, 배불리, 실컷	 어	실컷 먹다, 물리다
 팽	삶다, 삶아 죽이다, 익힌 요리, 요리	 재	재상(宰相), 다스리다, 도살하다, 고기를 저미다, 요리
 기	주리다, 굶주리다, 굶다, 굶주림, 흉년	 염	싫어하다, 물리다, 족하다, 만족하다
 조	술지게미, 지게미, 술 찌꺼기, 동동주, 막걸리	 강	겨, 곡식의 껍질, 쌀겨

천자문 팔행시, 여덟 글자의 해석

배부르니 (변변하게) 익힌 요리나 고기도 물리고, 굶주리니 (변변찮은) 술지게미와 겨에도 만족한다네.

천자문 팔행시, 여덟 글자의 풍경

포만감(飽滿感)은
어떤 음식(飮食)도
팽개치게 하는
재주가 있지.
기아(飢餓) 상태(狀態)라면
염증(厭症)을 느끼지 않고
조잡(粗雜)한 음식(飮食)에도
강(强)한 식욕(食慾)을 느끼게 하지.

천자문 팔행시, 언어유희의 풍경

기아(棄兒)의 기아(飢餓)

길러야 할 의무가 있는 사람이 남몰래 내다 버린 아이가 먹을 것이 없어 배를 곯고 있다.

염증(炎症) 같은 염증(厭症)

생체 조직이 손상을 입어 몸의 일부에 충혈, 발열, 통증이 나듯, 싫은 생각이나 느낌 또한 (발열이나 통증 같은) 그런 반응을 초래한다.

0817~0824

親(친) 戚(척) 故(고) 舊(구)
老(노) 少(소) 異(이) 糧(량)

 親	친	친하다, 가깝다, 친히, 친족, 성(姓)이 같은 겨레붙이	戚	척	겨레, 친족, 성(姓)이 다른 겨레붙이, 친하다, 가깝다
故	고	연고(緣故), 까닭, 사건, 옛날, 예로부터, 오래되다, 죽다	 舊	구	옛, 옛날, 늙은이, 친구, 오래되다
老	로, 노	늙다, 익숙하다, 노인, 어른	 少	소	적다, 젊다, 젊은이, 어린이
異	이	다르다, 달리하다, 이상하다, 뛰어나다	 糧	량	양식(糧食), 급여, 구실, 조세

천자문 팔행시, 여덟 글자의 해석

친척이나 오래된 친구에게 (대접할 때), 노인이냐 젊은이냐에 따라 양식을 달리 한다네.

천자문 팔행시, 여덟 글자의 풍경

친척(親戚)이랑
척 하면 착인
고향(故鄉) 친구(親舊) 같은
구면(舊面)인 사람들은
노인(老人)이냐
소년(少年)이냐에 따라
이질적(異質的)으로
량(양)식(糧食)을 제공(提供)받아야 한대.

천자문 팔행시, 언어유희의 풍경

사고무친(四顧無親), 사고무친(事故無親)

그는 의지할 만한 사람이 아무도 없어. 전에 크게 사고를 많이 쳤거든. 딴사람에게 해를 입히고 말썽도 일으키고 나쁜 짓을 많이 했어. 그래서 지금 친한 사람이 아무도 없어.

소장파(少壯派) vs. 소장파(訴狀派)

이쪽에는 젊고 기운찬 기개를 지닌 사람들로 이루어진 집단이 있군. 저쪽에는 무조건 소송을 제기하기 위하여 법원에 제출할 서류를 들고 다니는 집단이 있고 말이야.

양식(糧食)을 양식(洋食)과 양식(良識)으로

사람으로서 생존하거나 문화생활을 영위하기 위하여 필요한 먹을거리나 지식으로, 서양식 음식으로 배를 채우고, 뛰어난 식견이나 건전한 판단으로 머리를 채우겠네.

0825~0832

妾(첩) 御(어) 績(적) 紡(방) 侍(시) 巾(건) 帷(유) 房(방)

첩

첩, 몸종, 여자의 겸칭, 처첩(妻妾)

어

어거(馭車)하다, 부리다, 소나 말을 부리어 몰다, 다스리다, 거느리다

績

적

길쌈하다, 실을 잣다, 실을 뽑다

방

실을 잣다, 실을 뽑다, 길쌈하다

侍

시

모시다, 받들다, 시중들다, 기르다, 시중드는 사람

건

수건, 두건, 헝겊

帷

유

장막, 휘장, 덮다, 가리다

방

방, 곁방, 집, 아내

천자문 팔행시, 여덟 글자의 해석

첩(처첩)은 (기계를) 부리며 길쌈하여 실을 잣고, 휘장 (친) 방에서 (시중들며 남편에게) 수건을 받드네.

천자문 팔행시, 여덟 글자의 풍경

첩첩(疊疊)이
어진 아낙이 길쌈한 직물(織物)이
적잖이
방(房)에 쌓인다.
시중들며
건조(乾燥)한 수건(手巾)을 들고
유유(悠悠)히
방(房)을 거닌다.

천자문 팔행시, 언어유희의 풍경

축첩(蓄妾) vs. 축첩(逐妾)

첩을 둘래, 아니면 첩을 쫓아낼래.

손수 건 수건(手巾)

남의 힘을 빌리지 아니하고 제 손으로 직접 얼굴이나 몸을 닦기 위하여 만든 천 조각을 매달아 올려놓는다.

0833~0840

紈(환) 扇(선) 圓(원) 潔(결) 銀(은) 燭(촉) 煒(위) 煌(황)

천자문 팔행시, 여덟 글자의 해석

흰 비단 부채가 둥글고 깨끗하고, 은빛 촛불은 매우 밝게 빛나는구나.

천자문 팔행시, 여덟 글자의 풍경

환한 흰 깁으로 짠 부채는
선(線)이
원만(圓滿)하고
결이 깨끗하다.
은(銀)빛으로
촉촉하게 빛나는 촛불
위로
황홀(恍惚)한 빛이 밝디밝다.

천자문 팔행시, 언어유희의 풍경

동선하로(冬扇夏爐)? 동선하로(動線何路)!

겨울의 부채와 여름의 화로라는 뜻으로, 흔히들 격(格)이나 철에 맞지 아니한 상황을 일컫는다. 움직이는 자취나 방향이 어느 길을 따라가고 있나를 살펴보았을 때, 추운 계절에 열기를 찾아가고, 더운 계절에 냉기를 찾아가는 것이 일견 이치에 닿아 보인다. 그런데 추운 계절에 더운 몸으로(ex. 운동) 냉기를 찾을 수도 있고, 더운 계절에 추운 몸으로(ex. 독감) 열기를 찾을 수도 있지 않겠는가? 겨울에도 부채 쓸 일이 있을 수 있단 소리다. 여름이라고 덥기만 한 날만 있는 것도 아니고 말이다.

은행원(銀行願) 은행원(銀行員)

예금을 받아 관리하여 그 돈을 꾸어주어 이자를 받는 일을 하는 기관에서 그 업무에 종사하는 직원을 뽑고 있다.

0841~0848

晝(주) 眠(면) 夕(석) 寐(매)
藍(남) 筍(순) 象(상) 牀(상)

晝	주	낮	眠	면	자다, 누워서 쉬다
夕	석	저녁, 밤, 밤일, 저물다	寐	매	잠자다
藍	람, 남	쪽(한해살이풀), 쪽빛, 남색, 누더기, 절	筍	순	죽순, 대나무 싹, 대껍질
象	상	코끼리, 상아(象牙), 모양, 형상	牀	상	평상, 침상, 잠자리, 마루

천자문 팔행시, 여덟 글자의 해석

낮에 누워서 쉬고 저녁에 잠자니, 쪽빛 대껍질(로 된 자리와) 상아(로 꾸민) 침상이 있다네.

천자문 팔행시, 여덟 글자의 풍경

주간(晝間)에도 꾸벅꾸벅 조는
면상(面相)이로세.
석양(夕陽)의 빛을 받으면
매양(每樣) 한가로이 잠이 든다네.
남들처럼 일할 나이가 지난 후(後)
순(順)한 낯빛으로 대나무 자리에서,
상아(象牙) 재질(材質)의 침상(寢牀)에서
상황(狀況)에 맞게 여유(餘裕)롭다네.

천자문 팔행시, 언어유희의 풍경

수면(水面) 위의 수면(睡眠)

인어공주가 물의 겉면에서 쿨쿨 잠을 자고 있다.

상아(象牙) 같은 상아(常兒)

상아처럼 뿔나 있는, 상아빛으로, 항상 아이처럼 구는구나.

군맹무상(群盲撫象)이니 군맹무상(群盲無常)이라.

맹인(盲人) 여럿이 코끼리를 만진다. 사물을 좁은 소견과 주관으로 잘못 판단함을 이르는 말이다. 코를 만진 맹인은 코끼리가 뱀과 같다고 하고, 몸통을 만진 맹인은 코끼리가 벽과 같다고 말하기 때문이다. 맹인마다 판단을 제각각으로 한다. 맹인들에게 현상은 그렇게 일정하지 않고 늘 변하는 모습이다.

책상(冊床)? 책상(冊賞)!

앉아서 책을 읽을 상(床)을 사달라고? 기특한 것, 너에게 상(賞)으로 책들을 잔뜩 선물해 주마!

0849~0856

絃(현) 歌(가) 酒(주) 讌(연) 接(접) 杯(배) 擧(거) 觴(상)

 絃 현	(악기의) 줄, (현악기를) 타다, 줄을 퉁겨 소리를 내다	 歌 가	노래, 노래하다, 읊다, 지저귀다
酒 주	술, 술잔치, 주연(酒宴)	 讌 연	술잔치, 이야기하다
接 접	잇다, 잇닿다, 접하다, 사귀다, 대접하다	 杯 배	잔, 술잔
擧 거	들다, 일으키다, 행하다	 觴 상	잔, 잔질하다, 잔을 내다

천자문 팔행시, 여덟 글자의 해석

현악기를 타며 노래하고 술잔치를 벌이니, 술잔을 대접하며 잔을 든다네.

천자문 팔행시, 여덟 글자의 풍경

현악기(**絃樂器**)를 연주(**演奏**)하며
가무(**歌舞**)를 곁들여
주연(**酒宴**)을 베풀어
연신
접근(**接近**)한 사람들과 술로
배를 채우네.
거동(**擧動**)은 비틀비틀
상대(**相對**)와 건배(**乾杯**)하면서.

천자문 팔행시, 언어유희의 풍경

가무(家務), 어머니의 집안일 vs. 가무(歌舞), 딸내미의 바깥일

어머니는 집안에서 살림을 꾸려 나가면서 빨래, 밥하기, 청소 따위의 여러 가지 일을 하고 있는데, 딸내미는 바깥을 싸돌아다니며 노래하고 춤추고 다닌다.

두주불사(斗酒不辭), 두 주(週)도 불사(不辭)

말술도 사양하지 않는, 술을 매우 잘 마시는 자는 두 주(two weeks) 내내 술 마시는 일을 마다하지 아니한다.

행동거지(行動擧止)를 보니 행동(行動)이 거지야.

몸을 움직여 하는 모든 짓을 보아하니, 하는 짓이 남에게 빌어먹고 사는 사람이다. 한마디로 돈의 노예다.

0857~0864

矯(교) 手(수) 頓(돈) 足(족)
悅(열) 豫(예) 且(차) 康(강)

矯	교	바로잡다, 굳세다, 들다, 속이다	手	수	손, 손가락, 손으로 잡다, 쥐다
頓	돈	조아리다, 넘어지다, 구르다, 가지런히 하다	足	족	발, 족하다, 분수를 알다, 넉넉하다
悅	열	기쁘다, 기뻐하다, 기쁨	豫	예	미리, 편안하다, 즐겁다, 즐기다, 참여하다
且	차	또, 또한, 하면서	康	강	편안하다, 즐겁다, 즐기다, 화목하다

천자문 팔행시, 여덟 글자의 해석

손도 들고 발도 구르며 (춤추니), 기쁘고 즐거워 또한 편안하더라.

천자문 팔행시, 여덟 글자의 풍경

교만(驕慢)하게? 교태(嬌態)를 부리며?
수족(手足)을 놀리며
돈다, 돌고 돈다, 발 구른다.
족(足)히 땀이 날 때까지
열의(熱意)를 불태운다.
예상외(豫想外)의 동작(動作)도 나오고
차마 하지 못할 동작(動作)도 없다.
강(强)하게, 약(弱)하게, 편안(便安)한 마음으로!

천자문 팔행시, 언어유희의 풍경

원고를 교정(校正)하기 전에 자세부터 교정(矯正)해라.

교정쇄와 원고를 대조하여 잘못된 글자나 틀린 글자를 바르게 고치기 전에 틀어지거나 잘못된 자세부터 바로잡도록 하여라.

적수공권(赤手空拳)으로 적수공권(敵手空拳)하리.

맨손과 맨주먹으로, 아무것도 가진 것이 없이, 상대와 싸워서, 상대를 탈탈 털어서, 상대의 손을 아무것도 가지지 아니한 빈손으로 만들어버리겠다.

사족(蛇足) 다는 데 사족(四足)을 못 써.

군더더기를 붙이는 데에 혹해서 기를 쓰고 그렇게 해.

남녀상열지사(男女相悅之詞)란 남녀상열지사(男女相熱之詞)라네.

남녀가 함께하며 서로 기뻐하는 사랑의 노래란 남녀가 함께할 때 서로 열이 나는 노래라네.

0865~0872

嫡(적) 後(후) 嗣(사) 續(속) 祭(제) 祀(사) 蒸(증) 嘗(상)

적

정실(正室), 본처,
(정실이 낳은) 맏아들

후

뒤, 나중, 후세, 후계자

사

뒤를 잇다, 계승하다,
자손, 상속자

속

잇다, 잇닿다, 뒤를 잇다

제

제사, 제사를 지내다,
미루어 헤아리다

사

제사, 제사를 지내다,
해(年)

증

찌다,
증제(蒸祭), 겨울 제사

상

맛보다, 경험하다, 겪다,
상제(嘗祭), 가을 제사

천자문 팔행시, 여덟 글자의 해석

맏아들이 후계자로서 뒤를 잇고, 겨울 제사와 가을 제사를 지내거라.

천자문 팔행시, 여덟 글자의 풍경

적통(嫡統)을 계승(繼承)한
후손(後孫)이
사랑하는 부모(父母)님, 조상(祖上)님의
속을 헤아린다.
제사(祭祀)를 지내며
사시사(四時四)철 섬기는 마음이
증발(蒸發)되지 않도록
상(床)을 공손(恭遜)히 차린다.

천자문 팔행시, 언어유희의 풍경

속보(速報)의 속보(續報)

빨리 알리는 보도를 내고, 그 보도에 잇대어서 알리는 보도를 또 낸다.

제사(祭祀)에 관한 제사(諸事)

신령이나 조상님의 넋에게 음식을 바치어 정성을 나타내는 의식과 관련된 모든 일.

0873~0880

稽(계) 顙(상) 再(재) 拜(배) 悚(송) 懼(구) 恐(공) 惶(황)

稽	계	헤아리다, 조아리다
顙	상	이마, 머리
再	재	두, 두 번, 둘, 다시, 거듭, 거듭하다
拜	배	절, 절하다, 굽히다
悚	송	두려워하다, 송구스럽다
懼	구	두려워하다, 두렵다, 겁이 나다
恐	공	두렵다, 두려워하다, 염려하다
惶	황	두려워하다, 황공하게 여기다, 당황하다

천자문 팔행시, 여덟 글자의 해석

(제사를 지내며) 이마를 조아려 두 번 절하고, 두려워하고 두려워하고 두려워하듯 황공하게 여겨야 하느니라.

천자문 팔행시, 여덟 글자의 풍경

계속적(繼續的)으로 제사(祭祀)
상(床)을 차리며
재차(再次)
배례(拜禮)를 행(行)한다.
송구(悚懼)스러운 듯 몸을
구부려
공손(恭遜)하게
황송(惶悚)한 듯 절한다.

천자문 팔행시, 언어유희의 풍경

배알(拜謁)하니 배알이 꼴려.

지위가 높은 사람을 찾아가 뵈었는데, 자신의 낮은 처지와 비교가 되다 보니 속마음이 좋지 않았어. 스스로 마음에 차지 아니하여 불끈 화가 났어.

참배(參拜)하니 참 배가 아파.

부처님께 열심히 엎드려 절했더니 다리도 아프고 배도 아프네.

의구심(疑懼心)의 구심점(求心點)

모든 의심과 두려움이 한곳으로 쏠리고 있다.

공포(恐怖)스러운 공포(公布)

정부가 일반 대중에게 널리 알리는 이번 소식은 조금 두렵고 무서웠다.

0881~0888

牋(전) 牒(첩) 簡(간) 要(요) 顧(고) 答(답) 審(심) 詳(상)

 牋 전	종이, 편지	 牒 첩	서찰, 편지, 공문서
簡 간	대쪽, 글, 문서, 편지, 간략하다, 간결하다	 要 요	중요하다, 요약하다, 요점(要點), 요컨대
顧 고	돌아보다, 돌보다, 응시하다	 答 답	대답하다, 응답하다, 보답하다, 갚다, 대답
審 심	살피다, 자세히 밝히다, 조사하다	 詳 상	자세하다, 자세히 헤아리다

천자문 팔행시, 여덟 글자의 해석

편지를 쓸 때는 요점을 간략하게 하고, 돌아보고 대답할 때는 살펴서 자세히 헤아려야 하느니라.

천자문 팔행시, 여덟 글자의 풍경

전(傳)하러 왔다구요,
첩첩산중(疊疊山中)인 여기까지 편지(便紙)를?
간단명료(簡單明瞭)하게
요점(要點)이 잘 드러난 편지(便紙)를?
고맙구려,
답장(答狀)을 써야겠구려.
심사숙고(深思熟考)하여
상세(詳細)하게 써야겠소.

천자문 팔행시, 언어유희의 풍경

간단(簡單)히 말해서 그녀가 간단 말이야!

단순하고 손쉽게 말해서, She's gone!

심판(審判)의 심판(甚判)

운동 경기에서, 규칙의 알맞음 여부나 승부를 판정하는 사람이 공정하게 판단하지 못하고 심하게 오심(誤審)을 범한다.

상술(商術)을 상술(詳述)해.

장사하는 재주나 꾀를 자세하게 설명하여 말해.

骸(해) 垢(구) 想(상) 浴(욕) 執(집) 熱(열) 願(원) 涼(량)

해

뼈, 해골, 신체, 몸

구

때, 티끌, 수치, 때묻다

상

생각, 생각하다

욕

목욕하다, 씻다, 목욕

집

잡다, 처리하다

열

덥다, 더워지다, 뜨겁다

원

원하다, 바라다, 소원, 소망

량

서늘하다, 쓸쓸하다

천자문 팔행시, 여덟 글자의 해석

몸에 때(가 끼면) 씻을 것을 생각하고, 뜨거운 것을 잡으면 서늘하기를 바란다네.

천자문 팔행시, 여덟 글자의 풍경

해 맑게 땀흘리고
구 질구질하게 때가 낀 몸이 된
상 황(**狀況**)에 절로 상상(**想像**)해,
욕 실(**浴室**)에서 말끔하게 씻는 걸.
집 어들었어,
열(**熱**)이 나는 물체(**物體**)를.
원(**願**)하는 건, 이 열(**熱**)을 식혀줄 걸,
량(양)보(**讓步**) 없이 원(**願**)해.

천자문 팔행시, 언어유희의 풍경

피해망상(被害妄想)? 피(避)해! 망상(妄想)!

남이 자기에게 해를 입힌다고 생각하니? 그런 이치에 어긋난 생각에 빠지지 않도록 해!

과연(果然) 대망(待望)의 상(賞)을 받는 과대망상(誇大妄想)

아닌 게 아니라 정말로 뛰어난 업적을 세워 기다리고 바라던 상을 받았어! 라고 사실이 아닌 상상을 지나치게 부풀려서 생각하고 그 상상을 사실로 믿어버린다.

기원(紀元)의 기원(祈願)

새로운 출발이 되는 시기가 도래하기를 바라고 이루어지길 빎.

0897~0904

驢(여) 騾(라) 犢(독) 特(특) 駭(해) 躍(약) 超(초) 驤(양)

한자	음	뜻	한자	음	뜻
驢	려, 여	나귀, 당나귀	騾	라	노새, 수나귀와 암말 사이의 잡종
犢	독	송아지	特	특	유다르다, 특별하다, 특별히, 특히, 수컷, 수소, 짝
駭	해	놀라다, 놀래다, 어지러워지다	躍	약	뛰다, 뛰어오르다, 뛰어넘다, 뛰게 하다
超	초	넘다, 뛰어넘다, 뛰어나다	驤	양	머리를 들다, 뛰다, 달리다

천자문 팔행시, 여덟 글자의 해석

나귀, 노새, 송아지, 수소가 놀라 뛰고 뛰어넘고 달리는 (평화로운 정경이구나).

천자문 팔행시, 언어유희의 풍경

약진(弱震)에서 약진(藥疹)으로 그리고 약진(躍進)까지!

약한 진동을 느끼다가 약을 먹은 듯 두드러기도 일다가 힘차게 앞으로 뛰어나간다!

환호작약(歡呼雀躍)이니 환호작약(喚呼炸藥)이라.

크게 소리를 지르고 뛰며 기뻐하니 소리를 높여 부를 준비로 장전한 화약이 터진 듯하구나.

초월(初月) 보며 초월(超越)

음력으로 그달 초하루부터 처음 며칠 동안에 뜨는 달을 보며 자신의 한계나 표준을 뛰어넘음.

0905~0912

誅(주) 斬(참) 賊(적) 盜(도)
捕(포) 獲(획) 叛(반) 亡(망)

 誅 주	베다, 치다, 죄인을 죽이다, 죄를 다스리다, 꾸짖다	 斬 참	베다, 자르다, 끊다, 베어 죽이다
 賊 적	도둑, 역적, 도둑질, 도둑질하다, 해치다, 죽이다	 盜 도	도둑, 비적(匪賊), 도둑질하다, 훔치다
捕 포	잡다, 붙잡다, 사로잡다	 獲 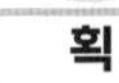 획	얻다, 사냥하여 잡다, 포로
叛 반	배반하다, 배반, 배반자	 亡 망	잃다, 망하다, 도망하다, 달아나다 cf. 무 없다

천자문 팔행시, 여덟 글자의 해석

역적과 도둑은 죄를 다스려 베어 죽이고, 배반하여 도망하는 자는 사냥하듯 사로잡느니라.

천자문 팔행시, 여덟 글자의 풍경

주안점(主眼點)을 치안(治安)에 두어
참형(斬刑)도 불사(不辭)하고
적대시(敵對視)할 터이니
도적(盜賊)질할 생각은 추호(秋毫)도 하지 말라.
포획(捕獲)하여 엄벌(嚴罰)에 처(處)할 터이니
획책(劃策)하여
반역(反逆)하거나 도망(逃亡)치지 말지어다. 신세(身世)
망칠 터이니.

천자문 팔행시, 언어유희의 풍경

개문납적(開門納賊)은 개문납적(介門納賊)

문을 열어 도둑이 들어오게 한다. 즉, 문을 매개로 도둑을 들어오게 한다. 제 스스로 화를 불러들이는 모양새다.

절도(節度) 있는 절도(竊盜)

남의 물건을 몰래 훔치는 행동에도 일을 정도에 알맞게 하는 규칙이 있다.

배반(背叛)의 배반(杯盤)

믿음과 의리를 저버리고 돌아선 곳이 술상과 음식을 차려 놓고 흥취 있게 노는 잔치에서였다.

순망치한(脣亡齒寒)은 순망치한(順亡齒寒)

입술이 없으면 이가 시리다는 뜻은, 순서대로 망해서 이가 시리단 말이다. 서로 이해관계가 밀접한 사이에 어느 한쪽이 망하면 다른 한쪽도 그 영향을 받아 온전하기 어려움을 이른다.

0913~0920

布(포) 射(사) 僚(료) 丸(환)
嵇(혜) 琴(금) 阮(완) 嘯(소)

 布 포	베, 돈, 베풀다, 펴다, 여포(呂布), 후한(後漢)의 장군	 射 사	(활이나 총을) 쏘다 cf. **석** 맞히다
僚 료	벗, 동료, 벼슬아치, 웅의료(熊宜僚), 초(楚)나라의 천하장사	 丸 환	알, 탄알, 공, 둥글다
嵇 혜	산 이름, 혜강(嵇康), 죽림칠현(竹林七賢) 중 한 사람	 琴 금	거문고
阮 완	관문 이름, 나라 이름, 완적(阮籍), 죽림칠현(竹林七賢) 중 한 사람	 嘯 소	휘파람 불다, 읊조리다

천자문 팔행시, 여덟 글자의 해석

여포는 활쏘기에, 웅의료는 공 놀리기에 능했고, 혜강은 거문고 솜씨가, 완적은 휘파람 불기가 뛰어났다네.

천자문 팔행시, 여덟 글자의 풍경

포[=여포(呂布)]는
사수(射手)야, 명사수(名射手)야.
료[=웅의료(熊宜僚)]는
환상적(幻想的)으로 공들로 재주를 부렸지.
혜강(嵇康)이 거문고를 타면
금새 빠져들어.
완적(阮籍)의 휘파람
소리는 예술(藝術)이었지.

천자문 팔행시, 언어유희의 풍경

사(四)거리까지 사거리(射距離)

저기 한 지점에서 길이 네 방향으로 갈라져 나간 곳까지가 탄알이 발사되어 도달할 수 있는 거리야.

금슬(琴瑟)이 금이 슬슬

깨가 쏟아지던 부부간의 사랑이 남이 모르게 슬그머니 깨지고 있었다.

0921~0928

恬(염) 筆(필) 倫(륜) 紙(지) 鈞(균) 巧(교) 任(임) 釣(조)

 恬	념, 염	편안하다, 고요하다, 몽염(蒙恬), 진(秦)나라의 명장(名將)
 筆	필	붓, 글씨, 쓰다
倫	륜	인륜, 윤리, 무리, 또래, 채륜(蔡倫), 후한(後漢)의 환관(宦官)
 紙	지	종이, 장, 종이를 세는 단위
鈞	균	서른 근, 고르다, 마균(馬鈞), 지남거(指南車)라는 수레를 발명한 사람
 巧	교	교묘하다, 공교하다, 솜씨가 있다, 재주, 책략
任	임	맡기다, 주다, 견디다, 맡은 일, 임공자(任公子)라는 사람
 釣	조	낚시, 낚시하다, 낚다, 낚시질하다, 유혹하다

천자문 팔행시, 여덟 글자의 해석

몽염이 붓을, 채륜이 종이를 (발명했고), 마균은 솜씨가 좋았고 임공자가 낚시(낚싯대)를 (새로 만들었다네).

천자문 팔행시, 여덟 글자의 풍경

염[=몽염(**蒙恬**)]은
필기(**筆記**)할 붓을 만들었고,
륜[=채륜(**蔡倫**)]은 역사(**歷史**)에
지대(**至大**)한 영향(**影響**)을 끼친 종이를 발명(**發明**)했다.
균[=마균(**馬鈞**)]은
교묘(**巧妙**)한 기술(**技術**)로 수레를 제작(**製作**)했고,
임공자(**任公子**)는 낚시의 대가(**大家**)인
조상(**祖上**)님이었다.

천자문 팔행시, 언어유희의 풍경

일필휘지(一筆揮之)의 일필(逸筆)에 마음이 휘지.

글씨를 단숨에 죽 내리 쓰는, 뛰어난 붓놀림에 마음을 빼앗겼어.

지갑(紙匣)의 갑(甲)과 지갑(紙甲)

지갑이 두둑한 자가 갑(**甲**)이고, 종이에 펜대를 굴리는 자가 또한 갑(**甲**)이지.

휴지(休止), 휴지(携持) 휴지(休紙)

하던 것을 멈추고 쉬는 시간에, 밑을 닦는 데 허드레로 쓰는 얇은 종이를 몸에 지니고 화장실로 돌진한다.

0929~0936

釋(석) 紛(분) 利(이) 俗(속) 竝(병) 皆(개) 佳(가) 妙(묘)

 釋	석	풀다, 풀리다, 풀어내다, 놓다, 놓아주다
 紛	분	어지럽다, 엉클어지다, 어지러워지다, 엉키다, 섞이다
 利	리, 이	날카롭다, 이롭게 하다, 이롭다, 편리하다, 이익, 이자
 俗	속	풍속, 풍습, 세상, 속되다, 평범하다
 竝	병	아우르다, 나란히 서다, 나란히, 모두, 다
 皆	개	다, 모두, 함께, 두루 미치다, 나란하다
佳	가	아름답다, 좋다, 좋아하다
  妙	묘	묘하다, 신묘하다, 정묘함, 뛰어나다, 젊다

천자문 팔행시, 여덟 글자의 해석

(뛰어난 재능들이) 엉클어진 걸 풀어내어 풍속을 이롭게 하니, 모두 아울러 아름답고 신묘하도다.

천자문 팔행시, 여덟 글자의 풍경

석가모니(**釋迦牟尼**)도 박수(**拍手**)칠 만한
분들이셨지.
이(**利**)로운 일을 하셨어,
속세(**俗世**) 사람들을 위해.
병렬적(**竝列的**)으로 놓을 수는 없는 기술(**技術**)들이지만
개관(**槪觀**)하여 보면
가(**可**)히 각각
묘미(**妙味**)가 있는 것만은 분명(**分明**)해.

천자문 팔행시, 언어유희의 풍경

분쟁(紛爭) = 분쟁(分爭) + 분쟁(忿爭)

말썽을 일으키어 시끄럽고 복잡하게 다투고 있다. 사람들이 갈라져 다투고, 성이 나서 다투는 모양새다.

백년가약(百年佳約)은 백년가약(百年家約)

젊은 남녀가 부부가 되어 평생을 같이 지낼 것을 굳게 다짐하는 아름다운 언약이다. 백년을 함께 하자는 아름다운 약속은 남녀 개인 간의 약속일 뿐만 아니라 그들을 낳고 키워주신 부모님이 속한 가문 간의 약속이기도 하다.

0937~0944

毛(모) 施(시) 淑(숙) 姿(자)
工(공) 嚬(빈) 姸(연) 笑(소)

 모	터럭, 털, 머리털, 모장(毛嬙), 오(吳)나라의 절세미인(絶世美人)	 시	베풀다, 주다, 미치다, 행하다, 서시(西施), 월(越)나라의 절세미인(絶世美人)
 숙	맑다, 착하다, 어질다, 아름답다, 얌전하다, 사모하다	 자	맵시, 모양, 모습, 자태(姿態)
 공	장인(匠人), 일, 만드는 일, 교묘하다, 공교하다, 뛰어나다	 빈	찡그리다, 눈살을 찌푸리다
 연	예쁘다, 곱다	 소	웃다, 웃음, 꽃이 피다

천자문 팔행시, 여덟 글자의 해석

(미녀들인) 모장과 서시가 아름다운 맵시로, 교묘히 찡그리고 곱게 웃었다네.

천자문 팔행시, 여덟 글자의 풍경

모장(毛嬙)과
시[=서시(西施)] 는 미모(美貌)가 빼어난
숙녀(淑女)들이야.
자태(姿態)가 정(正)말 고왔대.
공교(工巧)롭게 찡그린 모습조차
빈축(嚬蹙)이 아닌 칭송(稱頌)을 받았대.
연모(戀慕)할 만큼
소중(所重)한 모습이었대.

천자문 팔행시, 언어유희의 풍경

용자단려(容姿端麗)냐, 용자단려(勇姿短慮)냐.

얼굴과 맵시가 단정하고 고운 사람이 있느냐, 아니면 용감한 자태로 (쓸데없이 길게 생각하지 않고) 짧게 생각하고 과감히 행동하는 사람이 있느냐.

선자옥질(仙姿玉質)이냐, 선자옥질(善者玉質)이냐.

신선의 자태에 옥의 바탕을 두른 듯, 몸과 마음이 매우 아름다운 사람이 있느냐, 아니면 너무도 착한 사람이라 옥의 바탕을 두른 듯한 아름다운 사람이 있느냐.

공사(工事)를 진행할 때 공사(公私)를 구분해.

공공 기관이 토목이나 건축 따위의 일을 시행할 때 공공의 일과 사사로운 일을 엄격히 구분해야 하느니라.

담소(淡素)한 마음으로 담소(談笑)해.

담담하고 소박하게 웃고 즐기면서 이야기한다.

0945~0952

年(연) 矢(시) 每(매) 催(최) 羲(희) 暉(휘) 朗(랑) 曜(요)

	년, 연	해, 나이, 때, 시대, 시간, 세월
	시	화살, 곧다, 베풀다, 맹세하다, 똥
	매	매양, 늘, 항상, 마다, 비록, 탐내다
	최	재촉하다, 다그치다, 닥쳐오다
	희	복희씨(伏羲氏), (내쉬는) 숨, 희화(羲和), 중국 전설의 태양신
	휘	빛, 광채, 빛나다
	랑	밝다, 맑다, 환하다
	요	빛나다, 비추다, 햇빛

천자문 팔행시, 여덟 글자의 해석

시간의 화살이 늘 다그치고, 태양신의 빛(햇빛)이 밝게 빛나는구나.

천자문 팔행시, 여덟 글자의 풍경

연말(**年末**)인가? 또? 벌써?
시간(**時間**)은 화살인가?
매번(**每番**) 느끼지만 너무 빨라!
최고 속도(**最高速度**)로 달리는 건가?
희한(**稀罕**)하게 느린 듯하면서도
휘몰아치는 듯 너무 빨라!
랑(낭)만적(**浪漫的**)으로 햇빛은
요렇게 오늘도 밝게 비치건만!

천자문 팔행시, 언어유희의 풍경

백년대계(百年大計)니 백년대계(百年對計)라.

먼 앞날까지 미리 내다보고 세우는 크고 중요한 계획이다. 이런 계획을 세울 때 마치 앞으로 백년이 그 계획을 마주 대하고 있듯이 하라.

궁시(弓矢)를 들고 궁시렁대다.

활과 화살을 아울러 들고 있는 자가 무언가 마음에 들지 않는 듯 만족하지 못하고 투덜대고 있다.

0953~0960

璇(선) 璣(기) 懸(현) 斡(알) 晦(회) 魄(백) 環(환) 照(조)

 璇 선	(아름다운) 옥	 璣 기	구슬, 혼천의(渾天儀), 선기옥형(璇璣玉衡), 천체 관측 기구
 懸 현	매달다, 매달리다, 걸다	 斡 알	돌다, 빙빙 돌다, 돌리다, 관리하다
晦 회	그믐, 밤, 어둠, 어둡다, 어리석다, 감추다	 魄 백	넋, 달, 달빛, 몸
環 환	고리, 두르다, 돌다, 두루 미치다	 照 조	비치다, 비추다, 비교하다, 볕, 햇빛

천자문 팔행시, 여덟 글자의 해석

(천체 관측 기구의) 옥구슬이 매달려 돌고, 그믐달이 (보름달로) 돌며 비치네.

천자문 팔행시, 여덟 글자의 풍경

선선한 밤바람을 받으며 천체 관측(**天體觀測**)
기구(**器具**)가 돈다.
현재(**現在**) 별자리의 운행(**運行**)을
알려주면서.
회화(**繪畫**)의 풍경(**風景**) 같은
백색(**白色**)의 달빛이
환해졌다 어두워졌다
조명(**照明**)을 달리하며 모양(**模樣**)을 바꾼다.

천자문 팔행시, 언어유희의 풍경

이현령비현령(耳懸鈴鼻懸鈴)이니 이현령비현령(異懸鈴備懸鈴)이라.

귀에 걸면 귀걸이 코에 걸면 코걸이란다. 똑같은 사실이 -그저 똑같은 방울일 뿐이다.- 귀걸이로도 해석되고 코걸이로도 해석된다. 귀에 걸면 별로였던 방울도 코에 걸면 완벽 그 자체가 될 수 있다. 해석을 달리함으로써, (최적화된) 해석을 갖출 수 있고, 상반되는 주장을 재반박할 태세도 갖출 수 있다.

혼비백산(魂飛魄散)이라더니 혼비백산(婚費魄散)이구나!

혼이 날라가 어지러이 흩어져! 천문학적인 결혼 비용에 넋이 나가!

0961~0968

指(지) 薪(신) 修(수) 祐(우) 永(영) 綏(수) 吉(길) 卲(소)

 지	손가락, 발가락, 가리키다, 지시하다	 신	섶나무, 땔나무, 땔감, 장작
 수	닦다, 익히다, 기르다, 다스리다	 우	복, (신의) 도움, 돕다
 영	길다, 멀다, 길이, 오래도록	 수	편안하다, 수레 손잡이 줄
 길	길하다, 상서롭다, 좋다	 소	높다, 뛰어나다

천자문 팔행시, 여덟 글자의 해석

손가락으로 섶나무 (불이 꺼지지 않도록 꾸준히 지피듯이, 꾸준히 착한 일을 하여) 복된 일을 닦아, 오래도록 편안하고 상서롭고 뛰어나도록 하거라.

천자문 팔행시, 여덟 글자의 풍경

지문(**指紋**)이 닳도록 착한 일을 하라고
신신당부(**申申當付**)하네. 정신(**精神**)
수양(**修養**)을 게을리할
우려(**憂慮**)가 없길 바라네.
영원(**永遠**)히 복(**福**)을
수두룩하게 받을 수 있게
길조(**吉兆**)만 나타나도록
소양(**素養**)을 쌓길 바라네.

천자문 팔행시, 언어유희의 풍경

이지측해(以指測海)니 이지측해(二志測海)라.

손가락을 가지고 바다의 깊이를 잰다. 여기에는 두 가지 의지가 있을 수 있다. 통상적으로 해석하듯이, 양(量)을 헤아릴 줄 모르는 어리석은 의지가 그 하나다. 다른 하나는 큰 바다를 두려워하지 않는 용감한 의지다.

지탄(指彈) = [지탄(枝炭)+지탄(志嘆)] or 지탄(智誕)

손끝으로 잘못을 튀기듯 지적하여 비난한다면 생기는 결과는? 나뭇가지로 구운 숯처럼 새카맣게 타들어가면서 (비난한 자도, 비난받은 자도) 자신들의 뜻을 한탄할 수 있다. 다른 하나는 그 비난이 건전한 비판으로 작용하여 (옳은 방향으로 개선을 유도하는) 지혜가 탄생할 수도 있다.

수학(數學)으로 수학(修學)

(수량 및 공간의 성질에 관하여 연구하는) 대수학, 기하학, 해석학 및 이를 응용하는 학문 등으로 학업을 닦는다.

0969~0976

矩(구) 步(보) 引(인) 領(령) 俯(부) 仰(앙) 廊(낭) 廟(묘)

구

곱자, 'ㄱ'자 모양의 자, 네모, 모서리, 법, 법도

보

걷다, 걸음, 나루

인

끌다, 끌어당기다, 당기다, 이끌다

령

옷깃, 거느리다, 다스리다

부

구부리다, 숙이다, 숨다, 드러눕다

앙

우러러보다, 우러르다, 고개를 쳐들다, 존경하다

랑, 낭

행랑, 복도

묘

사당, 정전(正殿), 정사를 돌보던 궁전

천자문 팔행시, 여덟 글자의 해석

법도 (있게) 걷고 (단정히) 옷깃을 끌어 (여미며), (예의 있게) 숙이고 우러르며 (조정) 복도에서 정전에서 (활동하노라).

천자문 팔행시, 여덟 글자의 풍경

구령(**口令**)에 맞춘 듯
보행(**步行**)이 올바르구나.
인상(**印象**) 좋게 차린 옷매무새가
령(영)구(**永久**)히 좋게 기억(**記憶**)되겠구나.
부패(**腐敗**)해서
앙상한 관리(**官吏**)들과는 달리
낭랑(**朗朗**)하게 올곧이
묘책(**廟策**)도 세워가며 일하는구나.

천자문 팔행시, 언어유희의 풍경

답보(答報)가 답보(踏步)야.

응답으로 보고해야 되는데 그러지 못하고 머물고만 있어.

아전인수(我田引水)에 아전인수(我田忍修)라.

자기 논에만 물 대기를 한다. 자기에게만 이롭게 되도록 생각하거나 행동하는 세태다. (그러한 이기적인 모습에 비판적인 시각을 견지하며) 자신의 밭을 인내하며 다스리며 인격을 갈고닦는다.

0977~0984

束(속) 帶(대) 矜(긍) 莊(장)
徘(배) 徊(회) 瞻(첨) 眺(조)

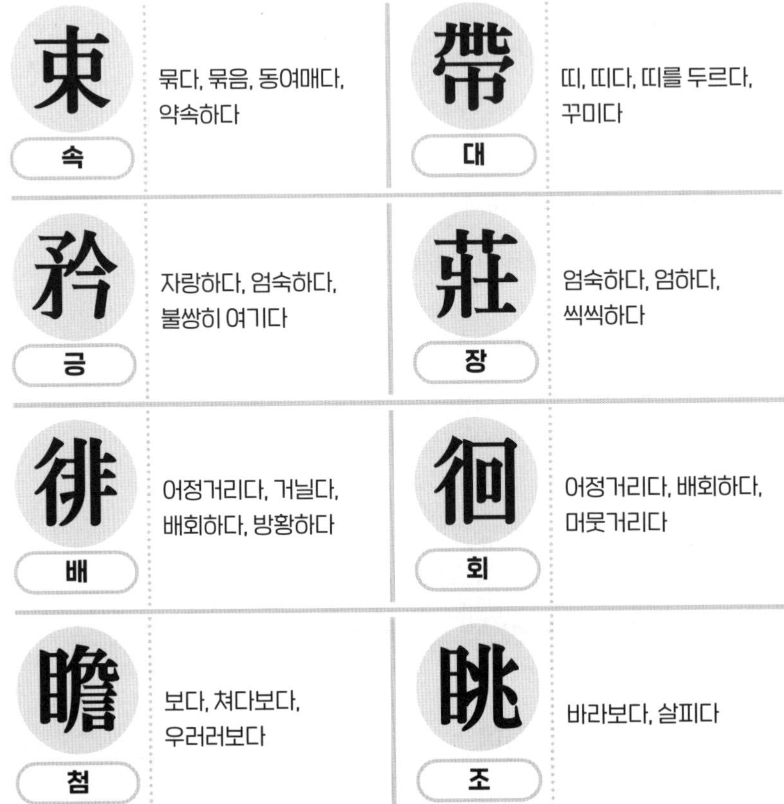

束	속	묶다, 묶음, 동여매다, 약속하다	帶	대	띠, 띠다, 띠를 두르다, 꾸미다
矜	긍	자랑하다, 엄숙하다, 불쌍히 여기다	莊	장	엄숙하다, 엄하다, 씩씩하다
徘	배	어정거리다, 거닐다, 배회하다, 방황하다	徊	회	어정거리다, 배회하다, 머뭇거리다
瞻	첨	보다, 쳐다보다, 우러러보다	眺	조	바라보다, 살피다

천자문 팔행시, 여덟 글자의 해석

(관복의) 띠를 묶고 엄숙하고 씩씩하게, (관리가) 어정거리며 배회하니 (사람들이) 우러러보며 살핀다네.

천자문 팔행시, 여덟 글자의 풍경

속(屬)해 있는 관직(官職)에
대응(對應)하여 의관(衣冠)을 차려입고
긍지(矜持)를 갖고
장엄(莊嚴)하게
배회(徘徊)하니
회사(會社) 직원(職員)이 회장(會長)님을
첨(=처음) 보듯 사람들이
조금 움츠리며 우러러보네.

천자문 팔행시, 언어유희의 풍경

구속(舊俗)의 구속(拘束)

낡은 옛 풍속이 개인의 행동이나 의사의 자유를 제한하거나 속박하고 있다.

공감대(共感帶)는 공감대(公感帶)

서로 공감하는 부분은 여러 사람에 관계되는 국가나 사회의 일에서 종종 드러난다.

0985~0992

孤(고) 陋(루) 寡(과) 聞(문) 愚(우) 蒙(몽) 等(등) 誚(초)

한자	뜻	한자	뜻
 고	외롭다, 외로이, 홀로, 고아(孤兒)	 루, 누	더럽다, 좁다, 천하다, 추하다, 못생기다, 숨기다
寡 과	적다, 드물다, 약하다, 과부(寡婦), 홀어미	 문	듣다, 들리다, 들어서 알다, 방문하다, 소문(所聞)
愚 우	어리석다, 어리석은 마음	 몽	어리다, 어리석다, 어둡다, 입다, 받다
等 등	같다, 기다리다, 무리, 등급, 단계, 차례	 초	꾸짖다

천자문 팔행시, 여덟 글자의 해석

외로이 추한 (까닭은) 들어서 아는 바가 적기 (때문이니), 어리석고 어리석어 꾸짖을 단계니라.

천자문 팔행시, 여덟 글자의 풍경

고 녀석 보소.
루(누)가 그리 학문(**學問**)을 게을리하고
과(**過**)하게 놀기만 하라 그랬길래 고렇게
문제아(**問題兒**) 취급(**取扱**)받는 거 보소.
우매(**愚昧**)하고
몽매(**蒙昧**)하여
등짝 맞아가며
초라하게 꾸짖음을 받는 거 보소.

천자문 팔행시, 언어유희의 풍경

덕불고필유린(德不孤必有隣)이니 덕불고필유린(德不告必有隣)이라.

덕이 있는 사람은 외롭지 않다. 반드시 이웃이 있다. 남에게 덕을 베풀며 사는 사람은 언젠가는 반드시 세상에서 인정을 받게 된다. 덕을 스스로 알리지 않아도 반드시 알려져 이웃이 생기기 마련이다.

과문(寡聞)하여 과문(過門)하네.

보고 들은 것이 적어 미처 그 안으론 — 지식의 폭과 깊이가 다른 그곳으로는 — 못 들어가겠네. 그냥 그 문을 지나쳐 가버리겠네.

우롱(愚弄)해서 울옹(=울어).

사람을 어리석게 보고 함부로 대하거나 웃음거리로 만드니, 서러워 눈물이 나.

등급(等級)으로 갈'등'(葛藤)이 막'급'(莫及)해.

신분이 나뉘고 평가가 갈리면서 서로 적대시하고 충돌하는 사태가 더 이상 이를 데 없이 심하다.

口輕音舌作附上腭 • 一 ㅣㅏㅑㅓㅕ是也 如吞字 • 君 ㅌ 覆幾

而次清為全濁者盖以ㅎ 如뫼為山 마為薯蕷 ᄫᅵ如사ᄫᅵ為 [illegible] 되為螢

為之凝ㆆ比ㆆ [illegible] 以ㅇ凝 蝦 드뵈為 [illegible] 如자為尺 죠ᄒᆡ為紙 범為虎

濁也。ㅇ連書脣 [illegible] 則 紙大 如 [illegible] 為鞭 ㅅ如손為 [illegible] 為池 ᄀᆞ

音者以輕音脣乍 [illegible] 喉 手 셤為鳥 [illegible] 부헝為鵂鶹 힘為 有天

聲凡十一字 • 舌縮而 筋。ㅇ如 비육為鷄雛 ᄇᆞ얌 [illegible] 自然

開於子也。形之圓象乎天 如 무뤼為雹 어름為氷 ᅀ 以通

縮而聲不深不淺 [illegible] 來 ㄴᆡ ᄉᆡ為鵁 中聲 • 如 [illegible] 為頤 而㶑

形之平象乎地也 ㅣ [illegible] 為小豆 ᄃᆞ리 [illegible] 鳥 ᄅᆡ為楸 一 區別

之ㄱㄷㅂㅈ [illegible] 為全清 大 ㅇ 而 ㆆ ㆅ [illegible] 因聲加畫之理而已

人ㅎ為次清 [illegible] ㅆ ㅉ 義皆同而唯 [illegible] 異 半舌音ㄹ 半地鬼神

濁 ㅇ ㄴ ㅁ ㅇ ㄹ ㅿ 為不清不濁 音 ㅿ 亦象舌齒之形而異其體 各象其

口 ㅇ其聲最不厲 故次序無加畫之義焉 夫人之有聲本於五 牙音ㄱ

後而象形制字則為之始 五行故合諸四時而不悖 叶之五 象舌附

而分清 [illegible]

Part. 6

언어의 풍경

0992~1000

0993~1000

謂(위) 語(어) 助(조) 者(자) 焉(언) 哉(재) 乎(호) 也(야)

위

이르다, 일컫다, 말하다, 이른바

어

말씀, 말, 이야기, 말하다

조

돕다, 이롭다, 도움

자

놈, 사람, 것, 곳

언

어찌, 이에, ~보다, 곧, 어조사(語助辭)

재

비로소, 처음으로, ~리오, ~로구나, 어조사(語助辭)

호

~인가, ~하면, ~보다, ~로구나, 어조사(語助辭)

야

~이다, ~냐, ~이여, ~이야말로, 어조사(語助辭)

천자문 팔행시, 여덟 글자의 해석

말을 돕는 것을 일컬어, (어조사로) 언(**焉**), 재(**哉**), 호(**乎**), 야(**也**)라 하느니라.

cf. 마치 오늘날 영어 보케 vocabulary에서 앞에서 주요 어휘를 다룬 후에 제일 마지막 장에 전치사를 묶어 정리하듯, 천자문도 여러 한자들로 여덟 글자의 조합들을 이룬 후에 마지막에 (영어의 전치사와 비슷한 노릇을 하는) 어조사로 마무리하고 있다.

천자문 팔행시, 여덟 글자의 풍경

위에서 아래로 물 흐르듯
어휘(**語彙**)를 자연스레 구사(**驅使**)하게끔 해주는
조력자(**助力者**)가 있으니
자꾸 보며 익숙해지도록.
언제 어디서
재발견(**再發見**)될지 모를 글자들의
호칭(**呼稱**)은 '어조사(**語助辭**)'라 불러.
야호! 이걸로 천자문(**千字文**) 끄읕(=끝)!

천자문 팔행시, 언어유희의 풍경

어원(語源)의 어원(語園)

어떤 단어의 근원적인 형태들이 노니는 언어의 뜰에 가서 놀아 보자.

협조(協助)는 협조(協調)

힘을 보태어 돕는다는 말은 힘을 합하여 서로 조화를 이룬다는 말이다.

저자로 나선 저 자가 그 저자(著者)냐?

책들을 판매하는 상품 시장으로 나선 저분이 바로 그 작가 분이시냐? '천자문'을 이렇게 '팔행시'로 훌륭하게 글로 써서 책을 지어 낸 사람이더냐? (에헴, 에헴, 맞아요! 저분이 바로 그 저자인 **不良敎生**님이랍니다! ~♬♪)

빈자일등(貧者一燈)이니 빈자일등(貧者一等)이기를.

가난한 자의 한 개의 등불이 (왕이나 부자의 것보다) 정성으로 더 빛난다, 오래 빛난다. 가난한 자를 으뜸으로 여기는 세상이 도래할 날이 올까? '**不良**'**敎生**으로서 그러한 날들이 오기를 바란다.

엔딩 Ending

언어유희(言語遊戲)? 어너유희(有喜)!

(어, 그래 너, 유 You 당신 말이야, 바로 너에게 기쁨이 있기를!)

不良敎生의

팔행시 천자문을 읽어주신

모든 독자 분들의 마음속에

기쁨이 배인 글자들이

네 번, 여덟 번, 여섯 번, 아니 무한대로

입맞춤되기를!

• • • •

불량교생

참고 문헌

- 윤선영(2020), 『다시 시작하는 인문학 공부』, 홍익출판사
- 윤정대(2016), 『하루 10분, 세상 보는 눈이 트이는 천자문 공부』, 동아일보사
- 이재황(2017), 『처음 읽는 한문 천자문』, 안나푸르나
- 한정주(2006), 『천자문뎐』, 포럼
- 해동한자어문회(2005), 『아자! 열려라 천자문』, 연림북스
- 허경진(2014), 『난세의 어진 글, 주해 천자문』, 알마

참고 사이트

- 우리말샘, https://opendict.korean.go.kr